基于现代信息技术的
会计教学研究

徐昕 安容宇 樊丽娟 著

延吉·延边大学出版社

图书在版编目（CIP）数据

基于现代信息技术的会计教学研究 / 徐昕，安容宇，樊丽娟著. -- 延吉 ： 延边大学出版社，2024. 6.

ISBN 978-7-230-06770-6

Ⅰ. F230-39

中国国家版本馆 CIP 数据核字第 2024ZR4466 号

基于现代信息技术的会计教学研究

著　　者：徐　昕　安容宇　樊丽娟

责任编辑：董德森

封面设计：文合文化

出版发行：延边大学出版社

社　　址：吉林省延吉市公园路 977 号　　　　邮　　编：133002

网　　址：http://www.ydcbs.com

E-mail：ydcbs@ydcbs.com

电　　话：0433-2732435　　　　　　　　　传　　真：0433-2732434

发行电话：0433-2733056

印　　刷：三河市嵩川印刷有限公司

开　　本：787 mm×1092 mm　1/16

印　　张：10　　　　　　　　　　　　　　字　　数：200 千字

版　　次：2024 年 6 月　第 1 版

印　　次：2024 年 7 月　第 1 次印刷

ISBN 978-7-230-06770-6

定　　价：68.00 元

前　言

教育的最终目的是适应和促进社会的发展，教育正是通过培养社会所需要的人才来推动人类社会不断延续和发展。因此，培养社会所需要的人才是一切教育活动的中心，教育的本质要求是使学习者得到尽可能完善的发展。

"教育要面向现代化，面向未来"，教育信息化是教育发展的必然趋势。高校教师信息化教学能力水平的高低直接关系到教师专业化发展与高素质人才的培养。高校教师的教育思想、教学观念、知识结构与教学技能需要全面提升，以实现现代信息技术与课程学习的目标整合、内容整合；要采用开放、协作、创新、分享的互联网思维来重新审视教学改革；充分分析学生的现状、需求、习惯，开创更具有实用价值的教学模式，以开放的自主学习平台、网络课程、虚拟的视频课程教室、仿真实训平台等，来激发学生的学习兴趣。

随着社会的发展和科学技术的进步，我们已经进入信息化时代，互联网、电子商务、信息管理系统在企业管理和社会生活中得到了广泛应用。并且，不断发展的互联网技术给远程办公和业务监控、信息传播带来便捷，现代信息技术在会计领域及企业管理领域的应用逐渐深入，系统的会计思维方式及作业方法已慢慢退化，而与信息化相结合的会计作业手法和管理手法已得到广泛运用，社会对信息化会计人才的需求加大。随着企业电算化会计软件的不断完善和 ERP（企业资源计划）系统中财务管理模块的应用，会计作业完全信息化变成可能。在此背景下，会计教学也要进行相应的改革与创新，要科学分析信息化时代的特征，了解当前会计教学所面临的困境，把握住互联网给教育行业带来的契机。同时要考虑学生的职业发展和学习需求，据此加强对教学理念、教学方法、教学实践策略的改革，争取提升会计教学的实效性，为培养能够适应信息化时代发展的高素质会计人才做出贡献，同时推动社会信息化的进程。

本书在介绍会计的基本理论、会计教学模式的基础上，针对现代信息技术对会计行业及会计教学的影响进行了研究，以财务会计和管理会计的实际工作内容为抓手，结合现代信息技术的发展规律及发展方向，对会计教学的实际工作进行了分析与研究，最后探索了现代信息技术在会计教学中的具体应用。本书为会计教学工作者提供了一定的教学思路，对现代信息技术与会计教学更好地融合有一定的推动作用。

本书强调要想在竞争激烈的环境中紧抓机遇、迎接挑战，就需要在现代信息技术环境下为会计教学提供一个良好的教学环境。书中还阐述了可以利用四段教学法等现代信息技术下的会计教学方法来改进传统的教学模式和方法，并针对现代信息技术实际会计教学应用过程中存在的不足之处提出改进措施，为促进会计教学方法的完善做出努力。本书为会计教学的发展提供了一定的借鉴作用。

本书有三大特点值得一提：

第一，本书结构严谨，逻辑性强，以现代信息技术下的会计教学为主线，对当代会计教学改革进行了探索。

第二，本书理论与实践紧密结合，对一些优秀的会计教学模式进行了探索，以便学习者加深对基本理论的理解。

第三，本书的前沿性较强，内容涉及"互联网+""大数据"背景下的当代会计教学研究。

笔者在撰写本书的过程中，参考了大量的文献资料，在此对相关文献资料的作者表示由衷的感谢。此外，由于笔者时间和精力有限，书中难免会存在不足之处，敬请广大读者予以批评、指正。

目　录

第一章　会计的基本理论 ……………………………………………… 1

　　第一节　会计的产生与发展 ……………………………………… 1

　　第二节　会计的含义与职能 ……………………………………… 5

　　第三节　会计基本假设和财务会计信息的质量要求 …………… 10

　　第四节　会计计量 ………………………………………………… 15

　　第五节　会计行为规范体系 ……………………………………… 18

　　第六节　科学组织会计工作 ……………………………………… 20

第二章　会计教学模式 ………………………………………………… 32

　　第一节　会计教学模式概述 ……………………………………… 32

　　第二节　传统会计教学模式 ……………………………………… 39

　　第三节　会计教学模式改革 ……………………………………… 43

　　第四节　信息化背景下的会计教学模式 ………………………… 59

第三章　现代信息技术与会计信息化教学 ………………………… 83

　　第一节　现代信息技术概述 ……………………………………… 83

　　第二节　大数据与会计信息化教学 ……………………………… 87

　　第三节　会计信息化未来发展趋势 ……………………………… 94

第四章　现代信息技术环境下会计信息化的教学目标 ………… 100

　　第一节　"互联网+"环境下会计受到的影响及发展趋势 …………… 100

　　第二节　现代信息技术对现代会计教学的影响 ………………… 106

第三节 会计信息化人才教育发展现状研究 ·················· 112

第四节 基于中小企业需求的会计专业人才培养模式研究 ·········· 115

第五节 会计类本科专业会计电算化课程的教学目标 ·············· 121

第五章 现代信息技术在会计教学中的具体应用 ················ **126**

第一节 多媒体辅助在会计教学中的创新应用 ·············· 126

第二节 会计电算化教学实践应用研究 ·················· 133

第三节 会计信息化实验教学 ·······················140

第四节 会计教学中的 Excel 表格教学创新 ················ 149

参考文献 ··**152**

第一章 会计的基本理论

第一节 会计的产生与发展

一、我国会计的产生与发展

物质资料的生产是人类社会赖以生存和发展的基础。人类要生存就要消费，无论是吃、穿、住、行，都需要消耗物质资料。而要取得这些物质资料，就必须进行生产。人们在生产活动中，总是希望用较少的劳动耗费创造出尽可能多的物质财富。因此，人们在生产的同时，必须对劳动耗费和取得的劳动成果进行计量、计算和比较。所以，会计是社会生产发展到一定阶段的产物，也是为了组织和管理生产而产生，并在生产实践中不断发展的。

会计是因人类生产活动的客观需要而产生和发展的。会计的最初意义只是一些简单的计量行为。大约在我国原始社会末期，随着生产的发展，生产有了剩余，为了记录劳动成果的数量，就采用了"结绳记事""刻契记数"等简单的计量方法，这是我国最早出现的会计萌芽。当然，那时的会计只是生产职能的附带部分，还没有成为一项独立的、专门的工作。

随着生产力发展到一定水平，社会分工和原始的文字、数字出现了，于是会计逐渐从生产职能中分离出来，成为一种专门的工作。

到了西周时期，随着农业、手工业及商业经济的繁荣和发展，人们对计量、记录有了更高的要求。为了满足生产经营及国家统治的需要，出现了专司朝廷钱粮收支的官吏——司会。司会进行"月计岁会"，即专门为官吏记载钱物收支。人们把每月零星计算称为"计"，把年终总和计算称为"会"，开始使用"会计"一词。

到了封建社会的鼎盛时期——唐代，由于社会生产力有了较快的发展，会计也就随之发展。

到了宋朝，会计方法又有了新的发展，官厅办理钱粮移交手续时采用了较科学的会计结算方法，即"四柱结账法"，也叫"四柱清册"，用"四柱"来表示财产的增减变化情况。所谓"四柱"，是指"旧管""新收""开除""实在"，它们的含义分别相当于现代会计的"期初结存""本期收入""本期支出""期末结存"四个部分。"四柱结账法"把一定时期钱粮的收支记录，通过"旧管+新收=开除+实在"这一平衡公式进行结账。

到了明末，由于经济的发展和手工业的繁荣，会计核算又出现了以"四柱"为基础的"龙门账"，它把全部账目划分为进、缴、存、该四大类，用来计算盈亏。进，相当于现在的收入；缴，相当于现在的支出；存，相当于现在的资产；该，相当于现在的负债。运用"进-缴=存-该"的平衡公式结算账目，确定盈亏。如果用这个公式试算平衡了，称为"合龙门"，以此钩稽全部账目的正误。

到了清代，由于商品经济进一步发展，资本主义经济关系逐渐产生并不断发展，会计记账方法又产生了"天地合账"。在这种方法下，账簿采用垂直书写，分为上下两格，上格记收，称为"天"；下格记付，称为"地"，上下两格登记的数额必须相等，即所谓"天地合"。

"四柱结账法""龙门账"和"天地合账"充分显示了我国历史上各个时期传统中式簿记的特点。至于会计作为一门独立的学科，则是由我国的会计学者，在借鉴外国会计学术的成就，总结我国会计实践经验的基础上，于清末民初逐步建立起来的。

中华人民共和国成立以后，我国逐步形成了社会主义的会计理论和会计方法，制定了各种会计法规，中央及各地还相继成立了会计学会，开展会计科学研究。1992 年 11 月 30 日，财政部发布的《企业财务通则》和《企业会计准则》，更是中华人民共和国成立以来财务会计改革方面的一次模式性的转变，它极大地推动了我国社会主义市场经济体制的建立和发展。

在认真总结我国会计改革的实践经验并借鉴国际通行做法的基础上，全国人民代表大会常务委员会先后四次对《中华人民共和国会计法》（以下简称《会计法》）进行了修订，这对完善会计法律制度、规范会计行为、提高会计信息质量，具有非常重要的意义，必将更有效地发挥会计在经济建设中的作用。

进入 21 世纪，我国经济市场化程度和全球化程度又上了一个新的台阶。20 世纪末期出现的亚洲金融危机，显示出会计信息披露的重要性。到了 21 世纪，我国资本市场发展迅速，上市公司数量逐步增多。为了适应我国经济的快速发展，我国相关部门先后出台了以下几项规定：《企业财务会计报告条例》《企业会计制度》《小型工业企业执行〈小企业会计制度〉衔接规定》等。

2005 年的会计改革思路有了重大调整，由建立企业会计制度体系为主转变为以建立企业会计准则体系为主。改革的目标是建立与我国市场经济相适应的，与国际会计准则趋同的，涵盖各类企业、各类经济业务的，能独立实施的会计准则体系。2006 年 2 月 15 日，财政部正式发布新修订的《企业会计准则——基本准则》和 38 项具体准则，同年 10 月 30 日又发布了《企业会计准则——应用指南》，自 2007 年 1 月 1 日起在上市公司范围内施行，并鼓励其他企业执行。2014 年 7 月 23 日，财政部公布《财政部关于修改〈企业会计准则——基本准则〉的决定》。

二、国外会计的产生与发展

国外会计的产生与发展也经历了漫长的过程，其最早出现于古巴比伦王国。到了 13 世纪，在商业比较发达的意大利，已开始用"借""贷"登记债权和债务，这为近代会计的借贷记账法奠定了基础。

近现代会计的发展，是以西方产业革命和资本主义商业经济的发展为背景的。1494 年，《算术、几何、比及比例概要》一书问世，系统地介绍了复式记账法，使复式簿记得以在世界广为流传，揭开了近现代会计历史的新篇章。

18 世纪的产业革命促进了生产力的空前发展，出现了股份公司这一新的企业组织形式。股东作为投资者委托经营管理者进行经营管理，并通过一定方式核查经营者履行职责的情况；银行信贷业务的开展也促使银行分析、判断企业偿还债务的能力；政府需要监督企业合法经营的情况，商法、税法、公司法陆续在一些国家颁布执行。为适应股份公司对公开财务信息的需要，会计在簿记的基础上，逐步出现了资产、负债、资本的计量、收益的确定、会计报表的编制与审核等内容。同时，社会上还出现了以查账为职业的特许会计师。1853 年，爱丁堡特许会计师协会成立，这是世界上第一个会计职业团体，其宗旨是维护行业共同利益和社会公共权益，提高会计师的准入标准和社会声誉。1854 年 10 月 23 日，爱丁堡会计师协会获得了英国皇家的特许状，其会员使用"特许会计师"作为专有头衔。此时，会计的服务对象从企业内部扩展到企业外部的投资者、债权人和政府部门，会计的内容也从记账、算账发展到编制系统的财务报告，从而完成了簿记向会计的过渡。

19 世纪中期，随着产业革命的完成，大工业的迅速发展，为了对生产活动进行核算和监督，出现了专门核算生产耗费的会计活动。到了 20 世纪初，这种核算会计与采用复式簿记的一般会计合并，就产生了成本会计。

20 世纪 30 年代以后，为了使会计工作规范化，提高会计信息的真实性，西方国家开始研究并制定了会计准则，把会计理论与实务发展到了新水平；同时，科学技术的突飞猛进和市场竞争的日趋激烈，对企业管理提出了新的要求，即要求企业内部管理更加合理化、科学化，要求企业对外部客观经济情况具有灵活的反应和高度的适应能力。社会的发展和管理要求不断提高，丰富了会计的内容，提高了其地位和作用，比较完善的现代会计逐步形成。一般认为，成本会计的出现和完善，以及在此基础上管理会计与财务会计相分离是现代会计的开端。另外，第二次世界大战以后，由于科学技术突飞猛进，现代数学和电子计算技术被引进了会计领域。这引起了会计工艺的深刻变化，原来的"手写簿记系统"逐步为电子数据处理所代替,使会计信息系统变得更灵敏,提供的信息更加及时准确。

20世纪90年代以来,信息技术与网络技术的飞速发展和知识经济时代的到来,极大地改变了会计行业。新的经济形态、新的生产方式和虚拟企业、知识资本、电子货币、数字产品等新的概念开始进入会计领域,这给会计发展带来新的机遇。

会计的发展历史说明,会计是为社会经济服务的,会计既是社会经济管理必不可少的工具,同时又是社会经济管理的组成部分。因此,会计的本质是一种管理活动。任何社会的经济管理活动,都离不开会计,经济越发展,管理越要加强,会计就越重要。

第二节 会计的含义与职能

一、会计的定义

会计是以货币为主要计量单位,以提高经济效益为主要目标,运用专门的方法,对企业、机关、事业单位和其他组织的经济活动进行全面、综合、连续、系统的核算和监督,并随着经济的日益发展,逐步开展预测、决策、控制和分析的经济管理活动,是经济管理活动的重要组成部分。

对这个概念可以从以下几个方面来理解:第一,会计是一项经济管理活动,它属于管理的范畴;第二,会计的对象是特定单位的经济活动;第三,会计的基本职能是核算和监督,即对发生的经济业务以会计语言进行描述,并在此过程中对经济业务的合法性和合理性进行审查;第四,会计以货币为主要计量单位,各项经济业务以货币为统一的计量单位才能够汇总和记录,但货币并不是唯一的计量单位。

二、会计的基本职能

一般认为，会计具有核算和监督两个基本职能。《会计法》（2017 年修正）规定："会计机构、会计人员依照本法规定进行会计核算，实行会计监督。"这从法律上明确了会计的基本职能是会计核算和会计监督。

（一）会计的核算职能

会计的核算职能，是指以货币为主要计量单位，通过确认、计量、记录、报告等环节，从价值上连续、系统和完整地反映各单位已经发生或完成的经济活动情况，为各有关方面提供会计信息的功能。

会计的核算职能也称反映职能，会计核算具有以下特点：

1.会计主要以货币为计量单位

会计核算主要以货币为计量单位，但有时也使用劳动量度和实物量度，目的是改善货币量度的效果，或者是扩大和丰富会计核算提供的数据资料，这在企业的存货核算、成本核算等方面尤为突出。

2.会计主要核算已经发生或已经完成的经济活动

会计通过一系列的专门核算方法，将已经发生或已经完成的经济活动情况记录下来，并对记录下来的会计数据进行加工，报告给会计信息使用者。在记录经济活动的过程中，必须符合会计制度和会计准则要求。

3.记录只是会计核算的基础，而不是会计核算的全部

会计对各单位的经济活动情况，首先要记录下来，然后才能核算，最后形成可以报告的会计信息。会计核算实际上包括对经济活动进行确认、计量、记录和报告的全过程。

4.会计核算具有连续性、完整性、系统性

连续性是指必须按照经济活动发生的时间先后顺序,不间断地进行记录和计算;完整性是指应由会计进行核算的各项经济活动,都必须毫无遗漏地加以记录和计算,不能任意取舍;系统性是指必须按照经济管理的要求,采用一定的方法,对会计核算资料进行加工整理、分类汇总,使之系统化。会计通过连续的、完整的记录和计算,并按照经济管理的要求,提供系统的数据资料,可以全面掌握经济活动情况,评价经济活动效果。

《会计法》第二章、第三章对于如何进行会计核算及如何发挥会计的核算职能,分别从法律的角度提出了具体要求。

(二)会计的监督职能

会计的监督职能,是指在核算经济活动情况的同时,利用会计核算所提供的会计信息对各单位的经济活动全过程的合法性、合理性和有效性进行的控制和指导。

会计监督具有以下特点:

1.会计监督是对经济活动全过程的监督

会计的监督职能,是对各单位经济活动的全过程进行的事前监督、事中监督和事后监督相结合的全面经济监督。事前监督是指在经济活动以前,从讲求经济效益出发,审查经济活动计划和方案的合理性,参与经济决策。事中监督是指在经济活动进行时,检查各项经济活动是否符合国家有关政策、法规和制度的规定,符合各单位有关计划、预算的要求,帮助其及时调整经济活动,使经济活动达到预期的目的。事后监督是指在经济活动之后,利用系统的会计信息进行反馈,加强事后的检查分析和评价,监督经济活动的有效性,以便改进工作,使下一期的计划和方案更具有合理性。

2.会计主要利用价值指标进行监督,也要进行实物监督

会计主要以货币为计量单位,利用资金、成本、利润等价值指标,综合反映经济活动的过程和结果。因此,可以利用上述各项核算指标监督经济活动。

同时，还可以事先确定一些价值指标，控制有关经济活动。会计监督，除了以货币为计量单位进行监督以外，还可以通过实物量度进行监督。例如，对某些具有实物形态的财产物资的收、发、存，要以凭证为依据，在账簿中登记其收、发、存的数量，并定期进行清查盘点，检查账实是否相符，以监督财产物资的安全完整。

3.会计监督是单位内部的监督，是外部监督不可替代的

国家通过财政、税务、审计、物价、市场监督等行政管理部门与机构，对各单位的经济活动实行来自单位外部的国家监督，对于保护国家公共财产、维护财经法纪和经济秩序，提高经济效益等，具有重要作用。但这些外部监督，不可能也不应该取代会计监督，因为外部监督只能定期进行，或者只能针对某类经济事项进行。而会计监督是单位内部的监督，能够对本单位的经济活动进行完整和连续的监督，这是外部监督无法替代的。

《会计法》第四章对于会计监督职能的内容、会计监督体系的建立都做了明确规定和要求。

（三）两大基本职能之间的关系

核算和监督是会计的两个基本职能。核算是全部会计工作的基础，离开了核算，监督就失去了依据；同时，只有通过监督，才能保证为会计信息的使用者提供真实可靠的数据资料，离开了监督，核算就毫无意义。只有把核算和监督结合起来，才能发挥会计在经济管理中的作用。

三、会计的主要特点

会计同其他经济管理形式相比，具有十分明显的特点。

（一）以货币作为主要计量单位

会计是从价值量方面反映经济活动的。经济活动的价值量，是通过货币、劳动、实物等具体内容的变化表现出来的，因此在经济核算过程中，通常使用三种量度标准：货币量度、劳动量度和实物量度。货币量度以货币的数量为单位，劳动量度以时间为单位计算劳动消耗量，实物量度以财产物资的实物数量为单位。但货币、劳动、实物三者无法进行综合，只有将其统一为能够充当一般等价物的货币，才可以加以综合，转换为统一的具有综合性的价值指标，总括地反映经济活动的过程和结果。因此，会计核算要以货币为主要的统一量度单位。在实际工作中，会计核算有时也要以劳动、实物为计量单位，但最终还必须以货币为计量单位计算，求得统一的价值指标，以便进行综合核算和监督。

（二）必须以合法的原始凭证作为核算依据

原始凭证是对经济活动的最原始记录，是经济活动责任人签字盖章以示对其真实性负责后形成的原始记录。只有以合法的原始凭证为依据，才能取得真实可靠的经济信息。

（三）有一系列完善的专门方法

为了适应生产发展与经济管理的要求，在核算、监督经济活动的长期实践中，经过不断积累经验，改革创新，会计逐渐形成了一整套严密、系统、科学、完备的专门方法。这些方法既有各自独立的作用，又相互联系、相互配合，在会计工作中缺一不可，也是无可取代的。

四、会计的目标

由于会计是整个经济管理的重要组成部分，所以会计的目标从属于经济管理的总目标，或者说会计目标是经济管理总目标下的子目标。在社会主义市场经济条件下，经济管理的总目标是提高经济效益。作为经济管理重要组成部分的会计管理工作，也应该以提高经济效益作为最终目标。在这个前提下，还应明确会计核算的目标，即会计核算要达到什么目的。我国《企业会计准则——

基本准则》对于企业会计的目标做了明确规定：企业会计应当如实提供有关企业财务状况、经营业绩和现金流量等方面的有用信息，以满足有关各方的信息需要，有助于会计信息使用者做出经济决策，并反映管理层受托责任的履行情况。

综合前面对会计的产生与发展、职能、特点、目标等方面的论述后，可以归纳如下要点：

（1）会计的本质是管理活动，是经济管理的重要组成部分。

（2）会计的基本职能是对各单位的经济活动进行核算，实行监督。

（3）会计拥有自己的鲜明特点。

（4）会计的目标在于提高经济效益。

第三节 会计基本假设和财务会计信息的质量要求

一、会计基本假设

为保证会计信息的一致性并符合财务报告的目标，财务会计要在一定的假设条件下才能进行确认、计量、记录和报告会计信息，这就是会计假设。

（一）会计主体

会计主体是指企业会计确认、计量和报告的空间范围，是会计人员核算和监督的特定单位。会计主体假设要求会计人员只能核算和监督所在主体的经济活动。这一前提的主要意义在于：一是将特定主体的经济活动与该主体所有者及职工个人的经济活动区别开来；二是将该主体的经济活动与其他单位的经济活动区别开来，从而界定了从事会计工作和提供会计信息的空间范围，同时说明了会计主体的会计信息仅与该会计主体的主题活动和成果相关。

例如，一项商品购销业务，甲方是买方，乙方是卖方。按照会计主体的要求，会计人员应站在本企业的立场处理业务，即甲方的会计应做商品购进的会计处理，而乙方的会计应做商品销售的会计处理。

会计主体不同于法律主体。法人可以作为会计主体，但会计主体不一定是法人。例如，由自然人所创办的独资和合伙企业不具有法人资格，这类企业的财产和债务在法律上被视为业主或合伙人的财产和债务，但在会计核算上必须将其作为会计主体，以便将企业的经济活动与其所有者的经济活动，以及其他实体的经济活动区分开来；企业集团由若干个具有法人资格的企业组成，各个企业既是独立的会计主体，又是法律主体，但为了反映整个集团的财务状况、经营成果及现金流量情况，还应编制该集团的合并会计报表，企业集团是会计主体，但不是一个独立法人。

（二）持续经营

持续经营是指在可预见的未来，会计主体将当前的规模和状态持续经营下去，不会停业，也不会大规模削减业务。例如，企业固定资产计量应按购建时的历史成本入账，固定资产价值通过提取折旧的形式，在其使用年限内分期转作费用等，都是以持续经营为前提的。

（三）会计分期

会计分期是指将一个企业持续经营的生产经营活动划分为一个个连续的、间隔相同的期间。会计分期的目的在于通过会计期间的划分，将持续经营的生产经营活动划分成连续、相等的期间，据以结算盈亏，按期编报财务报告，从而及时向财务报告使用者提供有关企业财务状况、经营成果和现金流量的信息。

我国企业会计准则中，将会计期间分为年度和中期。会计年度与公历年度相同，从 1 月 1 日开始到 12 月 31 日止。中期是指小于一个完整年度的会计报告期间，包括半年度、季度和月度。

明确会计分期假设的意义重大，会计分期界定了会计信息的时间段落，为分期结算账目和编制财务会计报告奠定了基础；有了会计分期，便产生了当期和以前期间、以后期间的差别，才使不同类型的会计主体有了记账的基准，进而出现了折旧、摊销等会计处理方法。

（四）货币计量

货币计量是指会计主体在财务会计确认、计量和报告时以货币计量反映会计主体的生产经营活动。《企业会计制度》规定，企业的会计核算以人民币为记账本位币。业务收支以人民币以外的货币为主的企业，也可以选择某种外币作为记账本位币，但编制财务会计报告时应当换算为人民币。

以上会计核算的四项基本前提，具有相互依存、相互补充的关系。会计主体确立了会计核算的空间范围，持续经营与会计分期确立了会计核算的时间长度，而货币计量为会计核算提供了必要的手段。没有会计主体，就没有持续经营；没有持续经营，就不会有会计分期；没有货币计量，就不会有现代会计。

二、财务会计信息的质量要求

财务会计的信息质量要求是对企业财务报告中所提供的会计信息质量的基本要求，是使财务会计报告中所提供会计信息对投资者等使用者决策有用应具备的基本特征，它包括可靠性、相关性、可理解性、可比性、实质重于形式、重要性、谨慎性和及时性。

（一）可靠性

企业应当以实际发生的交易或者事项为依据进行确认、计量和报告，如实反映符合确认和计量要求的各项会计要素及其他相关信息，保证会计信息真实可靠、内容完整。

会计信息要有用，必须以可靠为前提。如果财务报告所提供的会计信息是不可靠的，就会对投资者和使用者的决策产生误导甚至带来损失。

（二）相关性

企业提供的会计信息应与投资者的财务报告和使用者的经济决策需要相关，有助于投资者和财务报告使用者对企业过去、现在或者未来的情况做出评价或者预测。会计信息是否有用，是否具有价值，关键看它是否与使用者的决策需要相关，是否有助于决策者提高决策水平。相关的会计信息应当能够有助于使用者评价企业过去的决策，验证或者修正过去的有关预测，因而具有反馈价值。相关的会计信息还应当具有预测价值，有助于使用者根据财务报告所提供的会计信息预测企业未来的财务状况。

（三）可理解性

企业提供的会计信息应当清晰明了，便于投资者和财务会计报告使用者理解和使用。

企业编制财务报告、提供会计信息的目的在于使用。使用者要想有效使用会计信息，就应当了解会计信息的内涵，弄懂会计信息的内容，这就要求财务报告所提供的会计信息应当清晰明了，易于理解。如果决策者不理解企业所提供的会计信息，即使提供的信息既可靠又相关，也不会有用。

（四）可比性

企业提供的会计信息应当相互可比，主要包括以下两层含义：

第一，同一企业不同时期可比，即纵向可比。为了便于投资者和财务报告使用者了解企业财务状况、经营成果和现金流量的变化趋势，比较企业在不同时期的财务报告信息，全面、客观地评价过去、预测未来，从而做出决策。会计信息质量的可比性要求同一企业不同时期发生的相同或者相似的交易或者事项，应当采用一致的会计政策，不得随意变更。当然，这并非表明企业就不得变更会计政策，若变更后可以提供更可靠、更相关的会计信息，则可以变更会计政策，但应当在附注中予以说明。

第二，不同企业相同会计期间可比，即横向可比。为了便于投资者等财务报告使用者评价不同企业财务状况、经营成果和现金流量及其变化情况，会计信息质量的可比性要求不同企业同一时期发生的相同或者相似的交易或者事项，应当采用规定的会计政策，确保会计信息口径一致，以使不同企业按照一致的确认、计量和报告要求提供有关会计信息。

（五）实质重于形式

企业应当按照交易或者事项的经济实质进行会计确认、计量和报告，而不仅仅以交易或者事项的法律形式为依据。在会计实务中，交易或事项的法律形式并不总能完全真实地反映其实质内容，所以企业在进行会计核算时，应当以经济实质为依据，而不能仅依据外在的表现形式。例如，以融资租赁方式租入的资产虽然从法律形式来讲企业并不拥有其所有权，但是由于租赁合同中规定的租赁期较长，接近于该资产的使用寿命，并在租赁期内承租企业有权控制该资产并从中受益，因此从其经济实质来看，以融资租赁方式租入的资产应视为企业的资产。

（六）重要性

企业提供的会计信息应当反映与企业财务状况、经营成果和现金流量有关的所有重要交易和事项。

信息是否重要，主要依靠会计人员的职业判断。当某项会计信息被遗漏或者错误地表达时，可能会影响使用者根据财务信息所采取的经济决策，则该信息就具有重要性。对于重要的会计信息就需要严格按照会计原则和会计程序单独、详细、重点地进行核算和报告。如果某项会计信息不重要，企业可以对不重要的会计事项进行简化核算、合并核算。

（七）谨慎性

企业在对交易或者事项进行会计确认、计量和报告时应当保持应有的谨慎，不应高估资产或者收益，不应低估负债或者费用。

在市场经济环境下，企业在生产经营过程中存在很多不确定的因素和风险。企业应当充分预计可能发生的负债、费用或损失，尽量少计或不计可能的资产和收益，以免反映的会计信息引起使用者的盲目乐观。企业应当运用谨慎的职业判断和稳妥的会计方法进行会计核算，既不高估资产或者收益，也不低估负债或者费用。

（八）及时性

企业要对已发生的交易或者事项进行及时的确认、计量和报告，不得提前或者延后。

任何信息都有其时效性，而且在某种程度上信息越及时其价值越高。不及时的信息其有用性会大打折扣，甚至毫无用处。所以在会计核算过程中，要及时收集、处理、传递会计信息，以满足会计信息使用者的需要。

第四节 会计计量

会计计量是将符合确认条件的会计要素登记入账，并列报于会计报表及其附注从而确定其金额。

一、会计计量属性及其构成

计量属性是指所计量的某一要素的特性方面。例如，桌子的长度、楼房的高度等。从会计的角度来说，计量属性反映的是会计要素金额的确定基础，它主要包括历史成本、重置成本、可变现净值、现值和公允价值等。

（一）历史成本

在历史成本计量下，资产按照购置时支付的现金或者现金等价物的金额，或者按照购置资产时所付出的对价的公允价值计量；负债按照因承担现时义务而实际收到的款项或者资产的金额，或者承担现时义务的合同金额，或者按照日常活动中为偿还负债预期需要支付的现金或者现金等价物的金额计量。

（二）重置成本

在重置成本计量下，资产按照当前市场条件购买相同或者相似资产所需支付的现金或者现金等价物的金额计量；负债按照现在偿付该项债务所需支付的现金或者现金等价物的金额计量。

（三）可变现净值

在可变现净值计量下，资产按照其正常对外销售所能收到现金或者现金等价物的金额扣减该资产至完工时估计将要发生的成本、估计的销售费用以及相关税费后的金额计量。

（四）现值

在现值计量下，资产按照预计从其持续使用和最终处置中所产生的未来净现金流入量的折现金额计量；负债按照预计期限内需要偿还的未来净现金流出量的折现金额计量。

（五）公允价值

在公允价值计量下，资产和负债按照在公平交易中，熟悉情况的交易双方自愿进行资产交换或者债务清偿的金额计量。

二、会计计量属性的应用原则

尽管会计计量属性包括历史成本、重置成本、可变现净值、现值和公允价值等，但是企业在对会计要素进行计量时，还是应当严格按照规定选择相应的计量属性。一般情况下，对于会计要素的计量，应当采用历史成本计量属性，如企业购入存货、建造厂房、生产产品等，应当以所购入资产发生的实际成本作为资产计量的金额。

但是，在某些情况下，如果仅仅以历史成本作为计量属性，可能难以达到会计信息的质量要求，不利于实现财务报告的目标，有时甚至会降低会计信息质量，影响会计信息的可靠性。例如，企业持有的衍生金融工具往往没有实际成本，或者即使有实际成本，实际成本也与其价值相差甚远。因此，如果按照历史成本对衍生金融工具进行计量的话，大量的衍生金融工具交易将成为表外事项，与衍生金融工具有关的价值及其风险信息将无法得到充分披露。

鉴于应用重置成本、可变现净值、现值、公允价值等其他计量属性，往往依赖于估计，为了使所估计的金额在提高会计信息相关性的同时又不影响其可靠性，《企业会计准则》要求企业应当保证根据重置成本、可变现净值、现值、公允价值所确定的会计要素金额能够取得并可靠地计量；如果这些金额无法取得或者可靠地计量，则不允许采用历史成本以外的其他计量属性。

第五节 会计行为规范体系

一、会计行为规范体系的意义

会计行为规范体系是一系列会计行为规范的总和。所谓会计行为规范，是指规范、协调、统一会计行为的法律、原则、制度等。它是会计行为的标准，对会计行为具有约束力。

二、会计行为规范体系的作用

第一，会计行为规范体系是会计行为合法、合理性的标准。在会计实际工作中，经常遇到的主要问题是"应该怎么做，不该怎么做"，要指导会计人员正确解决这些问题，必须有一个外在的、统一的标准，这个标准就是会计行为规范体系。

第二，会计行为规范体系是对会计工作进行评价的依据之一。这种评价可以由会计人员自我进行，即自评，也可以由其他人来进行，即社会评价。

第三，会计行为规范体系是引导会计工作往特定方向发展的一种约束力和吸引力，也称"会计行为机制"。这种力量可以是来自会计理性的特定思维，也可以是来自外界权威的强制力，还可以是通过将外界的约束力转化为内在的行为规则而起作用。

三、会计行为规范体系的构成

会计行为规范体系是由一系列会计行为规范构成的，包括对会计行为有不同程度影响的法律（包括公司法、商法等）、国家财经法规、制度和会计法律、会计准则、会计制度和会计人员职业道德等。其中最主要的是会计法律、会计准则、会计制度和会计人员职业道德四种。

会计法律是指所有对会计工作有约束作用的法律，一般有两种。一是独立的会计法，即专门针对会计工作而制定的法律，它对会计工作的约束作用较强且直接，如《会计法》。二是在其他法律中包含的对会计工作的法律规定，如绝大多数国家的公司法和税法都对会计核算与账簿记录提出不同程度的法律要求。由于会计法律是国家立法机构制定的，它具有高度的强制性，因而对会计工作的约束力最强，也最严肃。

会计准则是目前大部分市场经济国家所采用的会计行为规范体系的重要组成部分。会计准则是会计核算工作的基本规范，是在市场经济条件下进行会计核算的基本原则。如我国 2006 年 2 月发布、2014 年 7 月修订的《企业会计准则》。

会计制度是根据会计法律和会计准则制定的，是各单位会计工作的具体规范。由于会计准则较为概括，没有针对具体的经济业务处理或报表项目做出解释和规定，实践中不易操作把握。而我国广大会计人员长期以来习惯于以统一会计制度为标准来进行会计处理，因而财政部在《企业会计准则》颁布后，对原有的会计制度进行修改，制定了若干行业示范性会计制度，以帮助企业具体执行会计准则，制定各自会计制度。

会计人员职业道德是社会公德和一般职业道德在会计工作中的具体体现，是引导制约会计行为，调整会计人员与社会、会计人员与不同利益集团以及会计人员之间关系的社会规范。会计人员职业道德的约束作用力无所不在，无时不在，但它有别于会计法律、会计准则、会计制度，是一种非强制性的会计规范。

四、会计行为规范体系中各组成部分的关系

会计行为规范体系的四个组成部分之间的关系是：《会计法》是会计工作的根本大法，是会计行为规范体系中最基础的部分，是会计的法律指导和约束会计的准则；会计准则是沟通会计法律和会计制度的桥梁，会计法律约束会计准则，会计准则约束会计制度；会计制度规范会计核算工作，规定了会计实务工作具体操作办法；会计人员职业道德是对上述三项强制性约束的有力补充。会计行为规范体系的四个组成部分之间相辅相成，共同组成会计行为规范体系，共同约束会计行为。

第六节 科学组织会计工作

一、科学组织会计工作的意义

会计工作是一项复杂、细致、综合的经济管理活动，科学地组织会计工作具有十分重要的意义。会计人员掌握了会计的专业知识和技能，是一个单位开展好会计工作的基本要求。要对会计工作进行科学的组织，即对会计机构的设置、会计人员的配备、会计制度的设计和执行等各项工作进行统筹安排，这样才能保证会计方法的运用和会计目标的实现，才能使整个会计工作顺利地进行。所以科学地组织会计工作，对于充分发挥会计的作用具有重要的意义。

（一）提高会计工作的质量和效率

会计是对错综复杂的再生产过程中各个阶段的资金运动进行核算和监督，

从经济活动的确认、计量、记录、计算、归类，直到编制会计报表、提供会计信息，每一环节都需要一系列严密的程序和手续。任何一个环节出差错或漏洞，都会造成整个核算结果不正确或不能及时完成，就会影响会计工作的顺利进行，影响会计核算结果的正确性。因此，科学地组织好会计工作，是提高会计信息质量、提高会计工作效率的重要保证。

（二）确保与其他经济管理工作协调一致

会计工作既有独立的职能，又与其他经济管理工作有紧密的联系，它们在共同的目标之下相互补充、相互促进、相互影响。会计需要其他管理工作的支持、配合，其他管理工作也需要会计工作在其中发挥作用。会计工作与计划、统计等工作之间，必须口径一致，相互协调。因此，只有按照一定的要求，科学地组织会计工作，才能够处理好会计工作同其他经济管理工作的关系，才能相互促进、相互补充，共同完成经济管理的任务。

（三）完善各单位内部的经济责任制

实行内部经济责任制是经济管理的有效形式。会计作为经济管理的重要组成部分，无疑与经济责任制有着密切的关系。正确地组织会计工作，可以促使会计单位内部各部门更好地履行自己的经济责任，管理并使用好资金，厉行节约、增产增收，提高经济管理水平，实现最佳经济效益。各事业、机关、团体等单位，虽其业务性质与企业不同，但也需要实行经济责任制，也需要组织好会计工作，促使各部门少花钱，多办事，努力增收节支。

二、会计工作组织的内容

会计工作组织的内容包括宏观角度的国家会计工作组织和微观角度的会计单位的会计工作组织两大方面。

（一）宏观角度的会计工作的组织内容

从宏观角度看，会计工作组织的内容主要包括：国家会计法规体系的建立、国家会计工作管理体制等内容。

1.国家会计法规体系

我国会计法规体系包括《会计法》、企业会计准则及相关会计制度。《会计法》是会计核算工作最高层次的规范，由全国人民代表大会常务委员会制定，由国家主席下令发布。企业会计准则又分为基本准则和具体准则两个层次：基本准则是进行会计核算工作必须遵守的基本要求，体现了会计核算的基本规律；具体准则是根据基本准则的要求，对经济业务的会计处理做出具体规定的准则。以《会计法》为核心所制定的一系列会计法规、条例、准则、制度，形成了我国的会计法规体系，从法律上肯定了会计工作的地位、作用，规定了会计工作的原则和程序，规定了会计人员的职权不受侵犯，标志着我国会计工作逐步走上法治的轨道。

2.国家会计工作管理体制

我国会计工作管理体制的总原则是统一领导和分级管理。具体包括三个方面的内容：即会计工作领导体制、会计制度的制定权限和会计人员管理体制。目前，我国会计工作的领导体制在《会计法》中已明确规定："国务院财政部门主管全国的会计工作。县级以上地方各级人民政府财政部门管理本行政区域内的会计工作。"《会计法》规定了会计制度的制定权限，国家实行统一的会计制度。国家统一的会计制度由国务院财政部门根据《会计法》制定。国务院有关部门可以依据《会计法》和国家统一的会计制度制定对会计核算和会计监督有特殊要求的行业实施国家统一的会计制度的具体办法或者补充规定，报国务院财政部门审核批准。关于会计人员的管理体制，目前在国际上有两种：一种是"国家委派"，即各级会计机构和会计人员实行垂直领导，直接委派；另一种叫"回归企业"，即会计人员的管理权限交给企业。我国《会计法》规定，会计人员按照干部管理权限的规定任免；企事业单位的会计机构负责人、会计主管人员的任免应经过上级主管单位同意；会计人员忠于职守、坚持原则受到错误处理的，上级主管单位应当责成其所在单位予以纠正；玩忽职守、丧失原则、不宜担任会计工作的，上级主管单位应当责成其所在单位予以撤换。

（二）微观角度的会计工作的组织内容

从微观角度看，企业会计工作组织的内容主要包括：设置会计机构、配备会计人员、制定会计制度、选定会计账务处理程序、运用会计信息处理技术设备和管理会计档案等。

1.设置会计机构，配备会计人员

会计机构是管理会计工作、办理会计事项的职能部门，会计人员是从事各项会计工作的各类人员的总称。按照《会计法》的规定："各单位应当根据会计业务的需要，设置会计机构，或者在有关机构中设置会计人员并指定会计主管人员……国有的和国有资产占控股地位或者主导地位的大、中型企业必须设置总会计师。"总会计师兼有管理会计事务和办理会计事项的双重任务。

设置会计机构，并在会计机构中合理配备会计人员，建立会计人员岗位责任制，是发挥会计管理职能并完成会计工作任务的组织保证。

2.制定会计制度，选定会计账务处理程序

企业内部会计制度是现代企业管理制度的重要组成部分，是实施企业内部控制的有效手段。根据《企业会计准则》制定符合本单位特点的会计制度并认真贯彻执行，可以促使会计工作人员按章办事，使其更好地发挥主观能动性，从而保证会计工作正常有序地进行，使会计信息系统及时、有效地提供会计信息，促使企业的各项活动达到预定目标。选定会计账务处理程序，是根据本企业经济业务特点和管理要求，设计企业会计记账和提供会计信息的方法和步骤。科学合理的账务处理程序是提高会计工作效率、满足企业内部管理需要的一个重要环节。

3.运用会计信息处理技术设备，管理会计档案

会计信息处理需要一定的技术设备，运用先进的技术设备取代手工操作，

会使会计人员从繁重的会计数据处理工作状态下解脱出来，是会计工作组织的重要内容之一。会计工作电算化将保证会计信息质量，及时提供会计信息，提高会计工作效率，使会计工作质量得到全面提高。会计档案是指会计凭证、账簿和报表等会计核算的专业资料，是记录和反映经济业务的重要史料和证据，是会计单位的重要档案之一。对会计档案进行科学的归类、整理、保管，能够为企业开展会计分析和检查提供必要帮助。

三、科学组织会计工作的基本要求

科学地组织会计工作，要遵守以下几项要求：

（一）遵守国家对会计工作的统一规定

组织会计工作，必须按照《会计法》对会计工作的统一要求，贯彻执行国家规定的法令和制度。各单位要按照国家统一的会计制度设置会计科目、登记账簿和编制会计报表，并向有关方面正确、及时地提供会计信息，对本单位实行会计监督。遵守国家的统一规定，是组织会计工作的首位要求。

（二）适应本单位经营管理的需要

每个单位的经济活动各有其特点，规模大小不一，业务繁简程度不等，管理上对会计信息的具体要求也不相同。因此，组织会计工作，要在符合国家统一规定的前提下，根据本单位的特点和内部管理的实际需要，设置会计机构，配备会计人员，确定企业内部会计制度，这样才能从本单位的具体情况出发，对会计工作做出切合实际的安排，以利于加强管理。

（三）在保证质量的前提下讲求实效

组织会计工作，应本着精简、合理和讲究实效的原则，在保证会计信息质量的前提下，尽量节约会计工作的时间和费用，简化核算手续，以利于会计人员有更多的时间去研究和解决会计管理工作中的关键问题，进行会计控制、预测和参与决策。目前，会计核算已逐步向电算化方向发展，组织会计工作，要符合这一发展的要求。

四、会计机构与会计人员

企业、事业、机关、团体等单位一般都需要设置从事会计工作的职能部门，建立、健全会计机构，并配备一定数量高素质的会计人员，这对于加强会计工作的领导、充分发挥会计核算和监督的职能作用具有重要意义。

（一）会计机构的设置

按照《会计法》的要求，任何一个企业，原则上都应单独设置会计机构。但在会计业务不多的小型企业，可以不单独设置会计机构，但必须配备专职的会计人员，以满足会计工作的需要。

会计工作岗位的设置，是在会计机构内部，按照会计工作的内容和会计人员配备情况，进行合理分工，定人员，定岗位，明确分工，各司其职。会计工作岗位的设置，要便于会计工作程序化、规范化；要有利于加强会计人员的工作责任感和纪律性，促使他们不断提高业务水平和工作效率；要有利于加强会计机构的内部建设。由于各单位生产经营和业务活动的规模不一样，组织和管理模式不一，因此会计岗位的设置和会计人员的配备就不能强求一致，可根据各单位会计核算的实际需要和会计部门业务的繁简情况而定。财政部发布的《会计人员工作规则》有利于各单位建立科学的会计岗位责任制，从促进会计工作提高效率出发，对建立会计人员岗位责任制和设置会计岗位及明确其各自的职责范围做了示范性的规定。根据这一规定，结合我国目前大中型企业会计核算工作的需要，在大中型企业，一般可设置综合会计组、财务结算组、工资会计组、固定资产会计组、材料会计组、成本会计组、销售和利润会计组、资金会计组，这些岗位既可以一人一岗、一人多岗，也可以一岗多人，在这方面，各单位有权自主决定。

（二）会计工作的组织形式

在一个企业内部，对各部门发生的经济业务可以分别采取集中核算和非集中核算两种形式。

1.集中核算

集中核算是指企业的主要会计核算工作全部集中在企业财务会计部门进行的一种组织形式。内部各单位一般不进行完整的单独核算，只对所发生的经济业务进行原始记录，填制或取得原始凭证，并适当汇总后送交企业财会部门，由财会部门加以审核，据以进行总分类核算和明细分类核算，并编制会计报表。实行集中核算有利于会计人员合理分工，提高核算质量和进行规范化管理；有利于企业会计部门全面了解企业经济活动情况，加强会计分析和会计监督；有利于减少核算层次，实现会计处理现代化。其缺点是企业内部各单位不能及时充分利用核算资料对本单位的经济活动进行了解、分析和考核，以及时解决问题。

2.非集中核算

非集中核算是指企业将与所属单位有关的主要经济业务下放到基层，设立核算单位，就企业内部有关部门对所发生的经济业务设置并登记账簿，进行比较全面的核算的一种组织形式。企业内部各单位可以单独计算盈亏，编制会计报表。企业会计部门只核算涉及全企业的经济业务和进行综合汇总工作，并对内部核算单位的核算工作进行监督和指导。非集中核算能够避免集中核算带来的弊端，有利于会计职能的充分发挥，有利于调动企业基层单位开展经济核算的积极性，但企业会计部门也必须合理地组织和指导基层单位核算，才能保证会计核算质量和信息时效性。

企业采取哪种组织核算形式，应视企业规模的大小、生产经营的特点、会计人员的业务熟练程度的情况而定，本着有利于加强经济管理、加强经济核算的原则来选择。集中核算和非集中核算也不是绝对的，在一个企业内部，可以根据具体情况，对某些业务采用集中核算。但无论采用哪一种组织形式，企业对外的现金收付、银行存款收付、物资供销、应收和应付款项的结算，都应集中在企业会计机构进行。

（三）会计机构、会计人员的主要职责

会计机构、会计人员的职责是指会计机构、会计人员在会计工作中需要共同履行的职责。在这些职责中，有些仅依靠会计人员就可以履行，但有些必须通过会计人员的整体——会计机构才能履行。会计机构、会计人员应共同履行以下几项应尽的职责，以便会计机构、会计人员更好地开展工作：

1.按照规定进行会计核算

按照规定进行会计核算即按照《会计法》和其他财会法规的规定，认真办理会计核算业务，及时、准确、完整地记录、计算、反映财务收支和经济活动情况。具体包括要认真填制和审核会计凭证、编制记账凭证，登记账簿，正确计算各项收入、支出、成本、费用、财务成果，按期结算、核对账目，进行财产清查，编制和上报会计报表，保证账证相符、账账相符、账实相符，手续完备，数字真实。

2.按照规定进行会计监督

会计机构、会计人员要通过会计工作，对财务收支和经济活动的合法性、合理性、有效性或预算执行情况进行监督：对于不真实、不合法的原始凭证不予受理；对账簿记录与实物款项不符的问题，应按有关规定进行处理或及时向本单位领导人报告；对违反国家统一规定的财政制度、财务规定的收支不予办理。此外，会计机构、会计人员还要主动、积极地配合财政、审计、税务等有关部门对本单位会计工作的检查和审计，如实提供有关资料，反映有关情况。

3.拟定本单位办理会计事务的具体办法

会计机构、会计人员要根据国家的财政经济方针、政策、会计法规和上级的有关规定以及本单位的具体情况，拟定本单位办理会计事务的制度。如会计工作组织和管理体系的制定，财物领用、报销的审批制度，内部会计核算手续、

程序、方法的有关规定，内部稽核制度等。另外，凡是和财务收支、经营成果有关的生产、技术、劳动人事、经营管理等各方面的制度，财会部门都应当积极参与制订，并从加强财会管理的角度制定各项制约性条款。

4.参与拟订经济计划、业务计划，考核分析预算、财务计划的执行情况

会计机构、会计人员的这项职责，突破了传统的会计事后记录、计算和反映的狭窄范围，要求会计工作根据市场经济的需要，逐步形成一个包括预测、计划、控制、计算、考核、分析等环节的核算和监督体系。会计机构要积极参与制订经济计划、业务计划、成本费用计划，运用会计信息和会计特有的方法，比较、分析各项计划的合理性和效益性，为制订科学合理的计划并顺利实施打下基础。至于利用会计报表、会计账簿，结合计划统计及其他资料，对本单位的财务状况、经营过程及其结果或者预算的执行情况，以及成本降低任务完成情况进行考核和分析，本来就是会计工作的重要内容。通过分析、考核，查明完成或未完成计划、预算的原因，总结经验，揭露矛盾，提出改进的建议和措施，就能不断提高经营管理水平，提高经济效益。

5.办理其他会计事务

上述几项内容不是会计机构、会计人员的全部职责，还有一些工作需要会计机构、会计人员参与和发挥作用。例如，参与市场调查、拟定产品价格，参与重大经济合同签订的测算和调查研究等。凡是在会计职能范围内的各项工作，会计机构、会计人员都应当积极努力地去开拓，去承担更重要的任务，在经济管理中发挥更大的作用。

（四）会计人员的主要权限

为了保障会计机构、会计人员顺利地履行自己的职责，国家赋予会计人员以下工作权限：

第一，有权要求本单位有关部门、人员认真执行国家批准的计划和预算，遵守国家财经纪律和财务会计制度。如有违犯，会计人员有权拒绝付款、拒绝报销和拒绝执行，并向本单位领导报告。严重违法和损害国家社会公众利益的收支，即使单位领导书面决定予以办理后，也应当将这方面的情况向主管单位或者财政、审计、税务机关报告。

第二，有权参与本单位编制计划或预算、制定定额、对外签订经济合同等工作，并参与有关的生产、经营管理会议，有权提出有关财务收支和经济效益等方面的问题和建议。

第三，有权监督、检查本单位有关部门的财务收支、资金使用和财产保管、收发、计量、检验等情况。

会计人员的职权是法律赋予的，任何人不得侵犯。如果有人对会计人员依法行使职权进行刁难、阻挠或打击报复，都要查明情况，给予行政处分，构成犯罪的，要依法追究刑事责任。这从法律上保护并鼓励了会计人员为维护国家利益坚持原则，履行自己的职责，行使自己的权利。

（五）会计人员应具备的素质

为了正确地履行职责和行使权限，会计人员必须严格要求自己，努力从思想上和业务上提高水平。

1.会计人员应具备的政治素质

（1）热爱祖国，热爱本职工作。在日常工作中顾全大局，自觉地维护国家利益、社会利益、整体利益、长远利益。

（2）实事求是，如实反映。会计人员在工作中应如实反映生产经营活动，不弄虚作假，不歪曲事实，对所有会计核算资料，必须做到数字正确可靠，内容真实完整。

（3）严守法纪，坚持原则。对各项财务收支活动都要进行严格审查，贯彻执行国家有关方针、政策、法令、制度，抵制一切违法乱纪、破坏制度的行为。

（4）廉洁奉公，以身作则。不以权谋私，不营私舞弊，不占、不贪，不行贿、不受贿。

2.会计人员的业务素质

为完成会计工作的任务，会计人员必须熟悉会计专业理论和业务技能，并掌握有关经济管理知识和生产技术知识，这是做好会计工作的必要前提。会计人员应具备的专业知识具体包括以下几个方面：

（1）财会知识。会计人员要做好本职工作，首先必须掌握下列财会知识：会计及相关的经济法律、法规和规章等政策方面的知识，如《会计法》《企业会计准则》《会计人员工作规则》《总会计师条例》《会计档案管理办法》，本行业的会计制度以及诸如公司法规、税收法规、金融法规知识等；财务会计基本原理，如记账程序、记账规则、珠算技能、会计基础理论、财务会计分析等；必要的现代财务会计管理知识，如管理会计、会计制度设计、会计电算化的应用，以及其他财务会计现代管理方法等。

（2）相关的经济管理知识。会计工作是经济管理工作的重要组成部分，会计业务涉及经济活动的各个领域，会计人员要参与单位的经济管理，必须具备与经济学相关学科的知识和生产技术知识，如财务管理学、财政学、金融学、审计学、统计学、部门经济学、市场管理学、运筹学、系统工程学、预测学、管理决策学，以及现代经济管理方法等。

（3）其他方面的知识。会计人员要完全胜任会计工作，还必须掌握其他一些知识。如要想正确地反映自己的意见，就必须具备一定的写作水平；要想胜任涉外会计工作，就必须具有一定的外语水平等。

（六）会计专业技术职称基本条件

为了充分调动会计人员的积极性，不断提高其业务水平，发挥其在会计工作中的作用，根据《会计干部技术职称暂行规定》《会计专业职务试行条例》，将会计人员的专业技术职务分为高级会计师、会计师、助理会计师和会计员四种。这四种专业技术职务的任职条件如下：

第一，会计员的基本条件。初步掌握财务会计知识和技能，熟悉并能够执行有关会计法规和财务会计制度，能担负一个岗位的财务会计工作。

第二，助理会计师的基本条件。掌握一般的财务会计基础理论和专业知识，熟悉并正确执行有关的财经方针、政策和财务会计法规、制度，能担负一个方面或某个重要岗位的财务会计工作。

第三，会计师的基本条件。较系统地掌握财务会计基础理论和专业知识，掌握并能正确贯彻执行有关的财经方针、政策和财务法规、制度，具有一定的财务工作经验，能担负一个单位或管理一个地区、一个部门、一个系统某个方面的财务会计工作。掌握一门外语。

第四，高级会计师的基本条件。较系统地掌握经济、财务会计理论和专业知识，具有较高的政策水平和丰富的财会工作经验，能担负一个地区、一个部门或一个系统的财务会计管理工作。较熟练地掌握一门外语。

为了确保会计人员的业务素质，从 1992 年 8 月起，我国开始实行会计人员专业技术职务任职资格考试，即"以考代评"，以专业知识水平测试成绩作为确定会计人员专业职务任职资格的主要依据。

注册会计师，是指经国家批准、依法独立执行会计查账验证业务和会计咨询业务的人员。注册会计师并不直接从事会计工作，而是对企业、事业单位的会计工作提供咨询、鉴证，其工作机构称为会计师事务所。

根据《中华人民共和国注册会计师条例》的规定，申请担任注册会计师的人员，须具备规定的学历和一定的实际工作经验，经全国统一考试合格，由财政部门批准注册后，才能从事注册会计师工作。

第二章 会计教学模式

第一节 会计教学模式概述

一、一般教学模式

（一）教学模式的概念

"模式"一词是英文 model 的汉译名词。model 还译为"模型""范式""典型"等，一般指被研究对象在理论上的逻辑框架，是经验与理论之间的一种可操作性的知识系统，是再现现实的一种理论性的简化结构。将模式一词最先引入教学领域并加以系统研究的人，当推美国学者布鲁斯·乔伊斯和玛莎·韦尔。

教学模式的含义是什么，国内外学者对此有不同的说法。美国学者布鲁斯·乔伊斯和玛莎·韦尔在《教学模式》一书中认为，教学模式是构成课程和作业、选择教材、提示教师活动的一种范式或计划。实际上，教学模式并不是一种计划，因为计划往往显得太具体，太具操作性，从而失去了理论色彩。将"模式"一词引入教学理论中，是想以此来说明在一定的教学思想或教学理论指导下建立起来的各种类型的教学活动的基本结构或框架，表现教学过程的程序性的策略体系。

国内教学专家对教学模式的定义大致有三种：第一种是把教学模式归于教

学策略范畴，也就是为了达到某种教学目标而使用的手段和方法；第二种认为教学模式是教学过程的结构，即在教学理论的指导下，根据教学目标设计教学环节，并配有相应的教学策略和教学措施；第三种观点认为教学模式是一种条理化的理论和内容结构的规律。现在普遍认为，所谓教学模式是指在一定的教学思想指导下，反映特定教学理论逻辑轮廓，为保持某种教学任务的、相对稳定而具体的教学活动结构。它是教学理论的具体化，也是对教学经验的系统概括。采取什么样的教学模式，直接影响到教学的效果以及学生素质的提高。

（二）教学模式的结构

教学模式通常包括五个因素：理论依据、教学目标、操作程序、实现条件和教学评价。这五个因素有机结合，构成不同的教学模式。

1.理论依据

教学模式是一定的教学理论或教学思想的反映，是一定理论指导下的教学行为规范。不同的教育观往往提出不同的教学模式。比如，概念获得模式和先行组织模式的理论依据是认知心理学的学习理论，而情境陶冶模式的理论依据则是人的有意识心理活动与无意识的心理活动、理智与情感活动在认知中的统一。

2.教学目标

任何教学模式都指向和完成一定的教学目标。在教学模式的结构中教学目标处于核心地位，并对构成教学模式的其他因素起着制约作用，它决定着教学模式的操作程序和师生在教学活动中的组合关系，也是教学评价的标准和尺度。正是由于教学模式与教学目标的这种极强的内在统一性，决定了不同教学模式的个性。不同教学模式是为完成一定的教学目标服务的。

3.操作程序

每一种教学模式都有其特定的逻辑步骤和操作程序，它规定了在教学活动中师生先做什么、后做什么，各步骤应当完成的任务。

4.实现条件

教学模式要发挥应有的效果，必须有条件做保证。实现条件是指能使教学模式发挥效力的各种条件因素，如教师、学生、教学内容、教学手段、教学环境、教学时间等。

5 教学评价

教学评价是指各种教学模式所特有的完成教学任务、达到教学目标的评价方法和标准等。由于不同教学模式所要完成的教学任务和达到的教学目标不同，使用的程序和条件不同，其评价的方法和标准也有所不同。目前，除了一些比较成熟的教学模式已经形成了一套相应的评价方法和标准外，有不少教学模式还没有形成自己独特的评价方法和标准。

（三）教学模式的特点

教学模式具有以下特点：

1.指向性

由于任何一种教学模式都是围绕着一定的教学目标设计的，而且每种教学模式的有效运用也需要一定的条件，因此不存在对任何教学过程都适用的普适性的模式，也谈不上哪一种教学模式是最好的。教学过程中在选择教学模式时必须注意不同教学模式的特点和性能，注意教学模式的指向性。

2.操作性

教学模式是一种具体化、操作化的教学思想或理论，它把某种教学理论或活动方式中最核心的部分用简化的形式反映出来，为人们提供了一个比抽象的理论具体得多的教学行为框架，具体地规定了教师的教学行为，使得教师在课堂上有章可循，便于教师理解、把握和运用。

3.完整性

教学模式是教学现实和教学理论构想的统一，所以它有一套完整的结构和一系列的运行要求，体现着理论上的自圆其说和过程上的有始有终。

4.稳定性

教学模式是大量教学实践活动的理论概括，在一定程度上揭示了教学活动带有的普遍性规律。一般情况下，教学模式并不涉及具体的学科内容，所提供的程序对教学起着普遍的参考作用，具有一定的稳定性。但是教学模式是依据一定的教学理论和教学思想提出来的，而一定的教学理论和教学思想又是一定社会的产物，因此教学模式总是与一定历史时期的社会政治、经济、科学、文化、教育的水平相联系，受到教育方针和教育目的制约。因此，这种稳定性又是相对的。

5.灵活性

作为并非针对特定的教学内容教学、体现某种理论或思想、要在具体的教学过程中进行操作的教学模式，在运用的过程中必须考虑到学科的特点、教学的内容、现有的教学条件和师生的具体情况，进行细微的方法上的调整，以体现对学科特点的主动适应。

教学模式在整个教学过程中，起着理论与实践之间的桥梁作用。一方面，教学模式来源于实践，是对一定的具体教学活动方式进行优选、概括、加工的结果，是为某一类教学及其所涉及的各种因素和它们之间的关系提供一种相对稳定的操作框架，这种框架有着内在的逻辑关系的理论依据，已经具备了理论层面的意义。另一方面，教学模式又是某种理论的简化表现方式，它可以通过简明扼要的象征性的符号、图式和关系的解释，来反映它所依据的教学理论的基本特征，使人们在头脑中形成一个比抽象理论具体得多的教学实施程序。便于人们对某一教学理论的理解，也是抽象理论得以发挥其实践功能的中间环节，是教学理论得以具体指导教学并在实践中运用的中介。

"教学模式"这一概念与理论自 20 世纪 50 年代出现后，经各国学者的不断探索，逐渐形成完整的体系，并呈现出"从单一转向多样、由归纳转向演绎、由以'教'为主转向重'学'为主、由传统转向现代化"的发展趋势。在现代教学模式的研究中，越来越重视引进现代科学技术的新理论、新成果。有些教学模式已经开始注意利用电脑等先进的科学技术的成果，教学条件的科学含量越来越高，充分利用可提供的教学条件设计教学模式。

（四）教学模式的种类

教学模式是教学理论的具体化，是教学实践的概括化的形式和系统，具有多样性和可操作性，因此教师对教学模式的选择和运用有一定的要求。教学模式必须与教学目标相契合，要考虑实际的教学条件，针对不同的教学内容来选择教学模式。为此，必须了解有哪些教学模式，以及它们的特点是什么。

1.传递-接受式教学模式

该教学模式源于赫尔巴特的四段教学法，后来由苏联教育家伊凡·安德烈耶维奇·凯洛夫等人进行改造并传入我国，在我国广为流行。很多教师在教学中自觉或不自觉地都在使用这种方法。该模式以传授系统知识、培养基本技能为目标。其着眼点在于充分挖掘人的记忆力、推理能力与间接经验在掌握知识方面的作用，使学生比较快速有效地掌握更多的信息量。该模式强调教师的指导作用，认为知识是教师到学生的一种单向传递过程，非常注重教师的权威性。

优点：学生能在短时间内接收大量的信息，能够培养学生的纪律性，培养学生的抽象思维能力。缺点：学生对接收的信息很难真正地理解，易培养单一化、模式化的人格，不利于创新型、分析型学生的发展，不利于培养学生的创新思维和解决实际问题的能力。

2.自学-辅导式教学模式

自学-辅导式教学模式是在教师的指导下自己独立进行学习的模式。这种教学模式能够培养学生的独立思考能力，在实践教学中很多教师乐于使用此模式。

优点：能够培养学生分析问题、解决问题的能力，有利于教师因材施教，能发挥学生的自主性和创造性，有利于培养学生相互合作的精神。缺点：学生如果对自学内容不感兴趣，可能在课堂上一无所获；学习消耗时间多；需要教师敏锐地观察学生的学习情况，必要时进行启发和调动学生的学习热情，针对不同学生进行讲解和教学，所以很难在大班教学中开展。

3.探究式教学模式

探究式教学模式以问题解决为中心，注重学生的独立活动，着眼于学生的思维能力的培养。

优点：能够培养学生的创新能力和思维能力，能够培养学生的民主与合作的精神，能够培养学生自主学习的能力。缺点：一般只能在小班进行，需要较好的教学支持系统，教学需要的时间比较长。

4.概念获得教学模式

概念获得教学模式是美国教育家杰罗姆·布鲁纳设计的一种在课堂上帮助学生学习和掌握概念的教学策略。其过程是通过引导学生对实例进行观察和比较、对概念进行假设和验证从而掌握概念。这种教学策略的目的是，一方面帮助学生在课堂上有意义地学习概念，另一方面通过对概念的学习，培养学生归纳推理的思维能力。这种教学模式能够形成比较清晰的概念，能够培养学生的归纳和演绎能力，能够培养学生严谨的逻辑推理能力。

概念获得教学模式遵循了从具体到抽象、再从抽象上升到具体的一般认知规律，它使教学做到以人为本，能够培养学生自行获得知识的能力，体现出获得知识和发展能力的统一。在教学过程中，教学的主导作用和学生学习的自觉性、积极性得到了紧密的结合，较好地纠正了传统教学中忽略学生的主观能动性的缺陷。

5.自主学习教学模式

自主学习教学模式是一种学生在总体教学目标的宏观调控下，在教师的指导下，根据自身条件和需要自由地选择学习目标、学习内容、学习方法并通过自我调控的学习活动完成具体学习目标的学习模式。

优点：自主学习对学生个人能力要求较高，学生必须具备应对分离能力、批评性思维能力、自主决定和独立行动能力，实行自我管理、自我负责。缺点：由于交互性相对较差，学习效果有时候不理想。

在实施自主学习一般模式的过程中，学校急需转变教育观念，加强资源建设，加强教学研讨，正确处理教师主导与学生自主学习的关系。

二、会计教学模式

会计教学模式是一般教学模式在会计学教学过程中的具体应用。现虽无统一公认的定义，但研究成果泛指会计学专业教学模式和会计学课程教学模式。

（一）会计学专业教学模式

目前，对会计学专业教学模式的论述，主要集中在以下两个方面：

会计学专业人才的培养方法。牛慧认为，远程教育会计学专业教学模式是"自学—互动—操练"的专业教学模式；赵金英在探讨会计学专业课程建设基础上，提出了"五化三结合"教学模式，即教学观念现代化、教学内容动态化、教学方法多元化、教学手段实践化、教学管理规范化，以及知识传授与能力培养相结合、专业教育与诚信教育相结合、产与学相结合；底萌研从培养现代会计人才的角度提出，改革现行的会计教学模式，树立全新的教学理念，建立起适应市场化、国际化发展需要，有利于宽口径、厚知识、高素质、强能力的教学模式，以满足经济发展对高素质的应用型人才的需要。

会计学专业教学环节的实施方式。孙艳华提出，会计理论教学模式就是"以学生为中心，以需求为动因的'发现式''探究式'教学"；贺彩虹构建了融案例教学、校内单项模拟实验与综合模拟实验、校外实习、实践基地训练和第二课堂实践活动等为一体的多元实践教学模式；江少华、何明光提出构建一套有理论支撑，有实践基础，具有渐进性、阶段性训练特点的毕业论文教学模式，即"3.8.2.1"毕业论文教学新模式：教授"大学语文""写作基础知识"和"经济文献检索"3门课程；针对会计学专业指导性教学计划中规定的基础会计、中级财务会计、高级财务会计、成本会计、管理会计、审计学、财务管理、会计电算化（或会计信息系统）等8门主干专业课程进行课程论文训练；开设论文专题讲座和进行一次学年论文写作训练；学生在指导教师的指导下撰写 1 篇合格的毕业论文。

（二）会计学课程教学模式

几乎所有高校的经济、管理类专业都开设了"会计学"课程，这说明了会计知识的基础地位。如何组织好会计学课程教学，是多年来广大教学工作者不断探索的难题。可以这样讲，每位会计学教师都有一套特定的教学模式。邓波认为，会计教学必须坚持"边理论学习、边实训实习"的教学模式，将会计理论教学与实训实习有机融合起来，使学生在理解会计理论知识的同时，熟练掌握主要会计岗位的会计核算方法及账务处理技能；李萍提出"以会计案例教学为主线、双向式授课法"的教学模式，强调启发式学习，结合会计案例教学将学生引入一个个活生生的案例中，激发学生去思考、去探讨，以提高学生吸取知识、探索知识的能力；曾辉华设计出"以案例分析教学法为主线、以复案教学法做保证"的新的会计课堂教学模式；还有学者探讨了资源型教学模式、案例型教学模式、协作教学模式、研究型教学模式等。

第二节 传统会计教学模式

一、传统会计教学模式的特点

传统会计教学模式是在传统的本（专）科会计教学模式上发展而来的，相应地具有传统的本（专）科会计教学模式的一些特点，主要有：

1.学术教学

传统会计教学模式套用了传统的本（专）科会计的教学思想，基本上仍是

"学术教学"，有的只是简单地把"培养适应社会主义现代化建设需要的专门人才"改为"培养适应社会主义现代化建设需要的应用型、技能型人才"，开一些实践课，所做的仍是"学术教学"。

2.演绎理论

传统会计教学模式沿用了传统的本（专）科会计教学演绎理论的思维方式，让本无实践经验的学生接受抽象"完美"的理论。

3.课程体系

传统会计教学模式仍然沿用传统的本（专）科会计教学模式，设置专业课程体系的做法流行至今，以会计专业课程为核心，不以职业工作岗位所需的知识与技能为核心。会计教学各课程之间各自为政，授课内容上多有重复，教师之间缺乏交流，结果是学生不能学以致用，教师教学资源浪费严重，团队实力无从体现。

4.灌输式课堂教学

传统会计教学模式因为套用了传统的本（专）科会计教学模式，所以会计课堂教学仍是教学的中心环节。在"学术教学""演绎理论"和"课程"的共同作用下，课堂教学基本上是"教师讲、学生听，教师写、学生抄，教师考、学生背"的灌输模式，费时费力，导致学生动手能力差。

5.以师为本，以书为据

长期以来，会计教学采用传统的课堂式教学，教师过度重视完成教学任务和课堂教学，教师在整个教学过程中只注重按部就班地、一部分一部分地进行课本知识的灌输，课堂上教师就书本上的概念、意义、作用、类别、方法、例题一一进行详细讲解。"教师讲、学生听，教师写、学生抄"成为会计教学的主旋律，等到课程结束时学生也不一定能够形成对该门课的一个总体认识。忽略了学生的主体意识，师生之间交流互动较少，学生兴趣不高，教学效果不理想。

6.止于模仿

在传统会计教学模式下，学生模仿例题，学会了编制分录、编制报表，但并没有真正会运用，"熟练"不够，当然难以"生巧"，一到工作岗位上，仍是一脸茫然。

7.应试教学

传统会计教学模式以会计专业课程为核心，每门课程都要考试，师生为了完成教学任务都要适应应试教学的考核方式。

二、传统会计教学模式的缺陷

传统会计课程教学是一种"以教师为中心"的"灌输式""填鸭式"教学，主要不足表现在：

（1）侧重理论学习，忽视实践、应用能力的培养。在传统会计教学模式下，学校往往开设一系列会计专业课程，偏重教会学生基础知识、理论知识，而忽略了教会学生如何应用这些知识。在这种教学模式下，学生也许学会了怎样编写会计分录，怎样编制会计报表，但在如何利用所生成的信息帮助企业解决日益复杂的财务活动及会计问题方面则显得不足。

（2）会计专业设置不规范，学生知识结构单一。目前，会计学科类的专业设置，最突出的问题是专业界限划分得过细、过窄，过分强调专业特征和理论性，培养出的人才知识结构单一，与"厚基础、宽口径、高素质、强能力"的要求不符。受部门分割办学的影响，许多高校除设有会计学、审计、企业理财、会计电算化等专业外，还设置了其他一些不规范的专业方向，这种做法实际上是以牺牲通才教育和智力开发为代价的。在经济全球化背景下，会计教育仅侧重于国内会计制度，而忽视了现代企业全球化发展的趋势。在大多数高校的会计专业课程里，对其他国家的会计制度进行介绍或研究的比重太小，甚至空缺，最常见的是仅仅开设了"西方财务会计"，而有的地方院校根本就不开设。这种框架显然不能适应全球经济一体化的要求。

（3）会计专业课程设置不合理。传统的会计教育各科目之间各自为政，忽视了彼此之间的联系，包括课程数量、授课内容等方面，如"财务管理"和"管理会计"两门课，在授课内容上有很多重复之处，而在课时上却按完全独立的两门课来安排；"经济法"与"税法"、"管理会计"与"成本会计"之间也存在类似问题。

（4）教学模式发展滞后。一是以教师授课为主，学生处于被动状态。大部分课堂问题已经设计好了答案，只有唯一解，显然脱离了复杂多变的现实情况，用这样的案例教育学生，不利于培养他们的创造能力；以通过职业考试为导向的教学方法进一步束缚了学生的思维；会计教育与人文知识和自然科学知识教育衔接不当，不能达到高等教育的基本目标；继续教育对会计职业至关重要，却没有受到充分重视，开展继续教育的机构之间也缺乏联系。二是在会计教学中对实际问题的讨论分析也不够充分。会计专业教材多是对会计制度的讲解，并在此基础上增加一些简单的例题、练习。教材内容不生动，把本来丰富多彩的实际经济业务简单化，限制了学生的思维，使其不能很快适应复杂的实际情况。三是实践环节缺乏。学生在校的实验活动集中在会计学基础课程中，由于该课程实践性较强而其理论又比较抽象，特别是对于从未接触过会计工作的学生来说，更是难以理解和掌握。只是通过做"基础会计学模拟实验"，对凭证、账簿、报表等增加一些感性认识；在学习凭证、账簿等章节时，通过做模拟实验，掌握会计凭证的填制、账簿的登记等具体操作方法。其他的课程中接触会计凭证、账簿、报表的机会很少，即使接触，也很少有比较完整的、来源于实际的原始凭证供学生练习，会计专业毕业的学生没有见过银行对账单、增值税发票，不知道如何报税。实践环节的缺乏，使学生丧失了整合全面的会计知识的机会，更重要的是导致学生缺乏运用所学知识解决实际问题的能力。

（5）会计教师队伍的现状不容乐观。具体表现在以下几个方面：其一，会计教师数量不足，教师增补速度大大低于学生扩招速度；而且青年教师居多，还有一批是行政岗位或校外的兼职教师。其二，我国会计教师的工资待遇偏低，因此会计毕业生一般不愿意到学校教书，许多会计教师通过各种方式跳槽，会计教师队伍的素质自然就很难提高。其三，没有一个良好的制度和氛围促使和激励教师更新知识和爱岗敬业。由于学校经费有限，会计教师参与实践的机会很少，不少教师从走上讲台，就再也没机会走下讲台参与会计实际工作，参与国际学术交流。其四，学校对教师的激励导向也有一定偏差，即鼓励教师偏重科研而忽视教学，这对提高教学质量极为不利。

第三节 会计教学模式改革

改革会计教学模式，提高学生综合运用会计知识的能力，克服学生实践能力薄弱的缺陷，是当前从事会计教学的有关人员都在思考的问题。因此，为培养出大批高素质的、适应时代要求的会计人才，对会计教学模式进行改革势在必行。

一、会计学专业教学模式改革

现代会计教学模式，主要是围绕"教出什么样的人"和"怎样教"来构建的。从横向结构角度看，现代会计教学模式包括培养目标、教学目标、教学内容、教学方法和保障措施五个方面。

（一）培养目标

从总体上讲，会计本科人才培养目标应定位为培养"复合应用型专门人才"。具体讲，根据会计从业人员按技术型会计人才和技能型会计人才的分类，现代会计本科教学模式的培养目标应定位在为企事业单位培养技术型和技能型会计人才上。会计本科毕业生在企事业单位从事会计实务工作，他们的职位定位在中层管理人员、白领、高级蓝领和技能型专门人才上，要求具备相应的理论水平、实践能力、知识结构和实践技巧。

1.技术型会计人才

以从事会计核算工作为主，并进行适当的财务管理和会计分析，其工作的侧重点是进行会计核算，但在会计核算的过程中注重智能运用，能根据所产生的会计信息进行会计分析、会计预测、会计决策，有较敏锐的观察能力、分析问题能力和解决问题能力，能为企业管理提供意见和建议等。

2.技能型会计人才

以从事会计核算工作为主，工作的重点是进行会计的核算和监督，具备一定的会计基础知识，熟练掌握会计核算和计算技术，能操作计算机并会使用会计软件，并最终能编制真实可靠的会计报告。

（二）教学目标

会计的教学目标就是培养"复合应用型专门人才"，因此在教学过程中，除了讲透会计基本理论、基本概念、基本技能外，还要注重会计岗位、职业培养，要求工作岗位业务熟练、岗位模块精通。

（三）教学内容

根据"就业导向"原则，职业工作岗位用什么就教什么，职业工作岗位需要什么就训练什么。在设计会计职业工作岗位知识、技术、能力训练单元和模块时，根据会计职业岗位分工来研究确定各自要知、要会和要做的知识、技术和能力模块。一个职业工作岗位对应于一个模块组合，每个模块又包括若干个技能单元，每个单元就是会计岗位技能训练的基本单位。会计职业工作岗位的所有模块就构成会计本科实践教学的内容。在确定实践教学内容时要考虑以下几个问题：

（1）订单式培养。通过校企协商，把绝大部分或全部模块的设置权与用人单位接轨，由用人单位制定职业工作岗位要求。

（2）非订单培养。通过行业调查研究，组织教师和行业会计专家一起制定具有行业性、实用性、操作性、标准性和及时性的会计工作岗位实训单元方案。

（3）突出重点。通过对模块合理组合，对模块提供的时间多少、训练强度的高低进行综合考虑，突出要强化的内容；并通过安排学生到模拟公司或真实的企事业单位见习，进行务实性岗位技能专项训练和综合训练，形成一套有针对性的考核办法。

（4）强化职业工作岗位素养。在会计职业道德方面，核心是教会学生做人，培养学生的思考能力、沟通能力和创造能力，使学生在学好专业技术的同时，更应当学会如何运用这些技术为企业处理纷繁的事务。

（5）突出计算机实用技能。要求能操会用，开设 Widows 操作技术、网络技术、办公自动化技术、会计软件应用技术、ERP（Enterprise Resource Planning，企业资源计划）系统应用技术等训练模块。

（6）专业外语重在实用。要能看懂英文报表，会用英文做账编表，会用日常英语交流。

（四）教学方法

案例教学和模拟实验（顶岗实习）是培养复合应用型会计专门人才的有效教学方法。在现代会计本科教学模式中，不管是案例教学还是对实务直接操作，都要普遍运用面向对象的任务驱动式归纳方法，要创新案例教学，即案例教学加公司工作的方式。在运用模块或单元案例教学法之后，安排学生到模拟公司工作。可将一个教学班分成几个公司，每个学生在公司中担任不同职务，他们有虚拟工资，指导教师担任"总经理""总会计师""财务总监"和"注册会计师"等角色。开设的部门按照真实公司的划分，如市场开发部、销售部、生产技术部、采购部、财务部、翻译部、办公室、人力资源部、总务部等，每个部门均设部门负责人，由学生担任。总经理（教师）召开企业管理会议，布置工作任务，财务部门和其他部门负责人（学生）参加会议，会后各负责人向本部门工作岗位（学生）布置工作，各工作岗位（包括会计职业工作岗位）开展工作，总经理（教师）检查。公司应有的办公设备在合作公司或者模拟实验室里都配备齐全。学生在企业商务运作的环境下，按照实际公司的职能开展工作，将学到的职业工作岗位技能应用到公司的具体业务中，深入体会经济业务发生的各个环节及其详细情况，进行会计核算和管理。在实习的一定阶段，要进行岗位轮换，以更换角色、共同提高。

（五）保障措施

第一，增加资金投入。建立以单元知识与技能为系列的会计教学单元库、模块库，建立会计模拟实验室，增加内容全面、样板性强的多层次、多方位的综合性实验项目（如集团公司会计实务）等，扩展实验项目内容，使之包括会计核算、财务管理、管理会计、审计、税务、金融等，提高实验室硬件的档次，配备专职的实验员，实现会计实验室的现代化、规范化和制度化，组建模拟公司、计算机中心、多媒体教学系统等。

第二，加大师资培训力度。所有会计教师都应是理论水平高、技术业务强、实践经验足的会计教育"专家"。要为青年教师提供参加实践的机会，增强其实践经验，有条件的应安排青年教师定期到企业挂职锻炼。

第三，落实校企共建项目。企事业单位、会计师事务所要为学生提供充足的实习机会和关键能力的训练，使学生在会计工作岗位上进行实地操作训练，并且随时能够得到会计专家的指导。

第四，发挥集体智慧。会计理论教学可采取校内会计教师集体备课、集中讨论的方式，充分发挥教研室的应有作用。会计实践教学还必须请会计实务专家、会计人员和会计教师一起参与，对会计职业工作岗位模块的开发、统筹、方案、安排等发挥集体智慧。

二、会计课程教学模式改革

我们经过多年的实践与探索，创立了"两中心三结合"的会计课程教学模式。"两中心"为理论教学中心和实践教学中心；"三结合"为课堂理论教学与案例教学相结合、校内模拟实习与实训相结合、校外观摩实习与实战上岗相结合（复式+顶岗）。

（一）理论教学

教学的目的是培养符合社会需求的人才，会计本科教学培养的复合应用型人才更是如此。理论教学应"突出复合型人才素质，兼顾应用型人才需要"。我国企业会计体系的建立与实施，要求会计教学必须顺时应势进行改革。在新时期，会计信息确认与计量的技术难度系数加大、会计人员的自由选择权加大，要求会计人员必须具有较高的会计理论水平，具备较强的职业判断力。现行会计的教学内容是以实务处理为主（实际上是会计分录的编制，并非真正的会计实务操作技能）、理论分析为辅；教学方法是教师孤立地传授单学科的会计专业知识，学生被动接受、机械记忆。这导致学生过分注重会计分录编制，并未真正掌握会计的基本理论和精髓，更不能站在经济学、管理学的高度理解和掌握会计准则体系，影响了职业判断力的培养和提高。

会计理论教学的重点之一是建立合理的课程体系，理论教学课程体系是培养复合应用型人才的核心内容。建立合理的课程体系主要是处理各类课程的比例关系，也就是基础课和专业课的关系、必修课和选修课的关系、理论课和实践课的关系、课内和课外的关系等。

树立基础课和专业课并重的思想。基础课和专业课是大学课程体系的主要组成部分。基础课在于提高学生的思想道德素质、基本文化素质、身体心理素质和综合素质；专业课在于培养学生适应商业环境的应变能力、从事会计职业的职业判断能力和实际操作能力。两者应该并重，使学生的知识结构在广度和深度上得到和谐发展，成为将来社会所欢迎的"T"字形人才。

加强会计基础理论及基本方法的教学，以不变应万变。专业课课程包括专业方向课程、学科专业课程、专业基础课程。从培养专业应用技能入手，应本着适用、适度的原则，在专业课程设置方面不应该太细；应加强会计基础理论课程的教学，如"基础会计""成本会计"等；教师在理论教学中应更多地传授会计的基本操作和学习方法，帮助学生学会以不变应万变，培养他们终身学习的能力。

正确处理必修课和选修课的比例。必修课在于保证专业人才的基本规格和要求，选修课在于扩大知识面，增强人才的适应能力。必修课程包括校级公共课程、基础课程、专业核心课程；选修课包括加深主干课程的选修课、扩大知识面的选修课和培养实际能力的选修课。

在知识经济时代，大学生除了需要专业能力之外，还必须具备社交能力、心理承受能力、综合思维能力、表达能力、组织管理能力等。因此，根据"厚基础、宽口径、高素质"的原则，在保证主体课程的同时，可通过学科渗透适当增加选修课，如自然科学、社会科学、人文科学、法律知识以及与本专业有关的其他方面的知识，允许学生旁听邻近的学科课，以达到培养复合应用型会计专门人才的目的。为保证课程体系的完整性和灵活性，必修课和选修课比例在 7∶3 或 7.5∶2.5 之间为宜。

增加会计职业道德课程，作为学生的必修课。会计工作是非常重要的经济工作，要求从业人员有较高的职业道德水准和执业能力，其中职业道德更为重要。正如美国会计学会所倡导的：会计教育不仅要传授必需的技巧和知识，而且要灌输道德标准和敬业精神，因为在很多情况下道德往往比技巧和知识更重要，特别是在遇到相关当事人之间的利益冲突时，唯有道德决策能力才能发挥作用。职业道德课程应由专业教师讲授，在讲授中应多采用案例教学，特别是反面的案例，采用教学互动方式等新方法，调动学生学习的积极性，使职业道德深入学生心中，以促使学生在未来的工作中遵守职业道德规范。

（二）实践教学

实践教学应"突出应用型人才素质、兼顾复合型人才需要"。会计是对会计实体的经济业务从数和量两个方面进行计量、记录、计算、分析、检查、预测、参与决策、实行监督，旨在提高经济效益的一种核算手段，它本身也是经济管理活动的重要组成部分。会计学作为应用性极强的一门学科、一项重要的经济管理工作，是加强经济管理、提高经济效益的重要手段。经济管理离不开会计，经济越发展，会计工作就显得越重要。实践教学不仅培养学生的实际操作能力，更重要的是要使学生具有综合性、独立性和创造性的分析与解决问题的综合能力。会计学专业更加注重实践的操作，单单有书本知识是不行的，需要的是"理论联系实际"。

根据培养应用型会计人才的要求，要加强会计实践环节的教学和训练。实践性教学环节应占整个教学计划的 30％～35％。会计学专业的实践性教学从方法上可分为实地实习和模拟实验。在现实条件下，建立会计实验室，进行会计实验教学，能较好地满足本学科加强实践环节教学和训练的要求。

会计实践教学系统是由各个教学环节要素组成的。从整个教学过程分析可知，实践教学环节要素包括实验课、校内实习、校外实习、社会实践、社会调查、毕业论文等。

1.实验课

建立独立的会计实验室，是开设会计实验课的前提条件。会计实验课是在讲授会计学专业主课程以后，按照会计实验课的内容和要求，组织学生在校内的会计实验室进行模拟实际会计工作的操作。在会计专业教学中，许多课程可安排实验课，如"基础会计""财务会计""成本会计""财务管理"及一些相关的专业基础课等。

会计实验教学是在辅导教师的指导下，由学生按照会计实际工作的要求，自行填制和审核原始凭证，根据原始凭证编制和审核记账凭证，根据记账凭证登记日记账、明细账和总账，根据账簿资料和有关资料编制会计报表，以及装订会计资料和归档等。在操作方式上既要进行手工操作，又要进行计算机操作。

2.校内实习

按照会计学专业课的内容和要求，在课程学习到一定阶段或学习结束后，到学校的校办企业和有关职能部门（如财务处、审计处）进行实地操作练习。会计实习是对会计教学的总结和检验。会计实习可分为校外实习与校内实习，学校根据自身的条件进行选择。选择校内会计实习时，因校内实习单位对学校会计教学实习的内容与要求比较熟悉，有利于对学生的实习进行指导，能够使其较好地完成会计实习任务。应该指出，在学校进行会计实习，不是在学校的会计实验室进行会计实验，这是两种实践形式，不能混为一谈。

3.校外实习

按照会计学专业课的内容和要求，在课程学习结束后，学生到学校外部企业和有关部门进行实地操作练习。在学校有校外会计实习的条件下，一般在专业课（如会计原理或基础会计、财务会计和审计）的课堂学习结束后，按照会计实习的内容与要求，组织学生深入企业和有关部门进行会计工作的实习，一方面了解和熟悉企业和单位所处的环境和实际工作情况；另一方面，对生产经营过程的经济业务进行会计处理，学习与掌握会计基本技能，在实际工作中培养实践能力，从中进一步学习会计理论与方法。

4.社会实践

按照会计学专业课的内容和要求，以及培养学生全面发展的需要，在学校课程学习结束后，组织学生到某个地区、部门和企事业单位进行社会服务和社会兼职的实践活动。如在假期，组织学生到某个地区或部门进行宣传、咨询服务，或协助工作；或学生利用假期，到企事业单位进行兼职工作，如兼职记账工作、收款工作，或做一些服务性的工作。学生参加社会实践活动，对培养实际工作能力、提高思想品德、学会如何做人，都有一定的积极作用。

5.社会调查

社会调查是根据教学与社会的需要，有计划地组织学生采用一定的形式对社会进行调查的实践活动。调查的内容，一方面是根据会计学专业教学计划的安排，对有关会计教学和会计改革等方面的问题进行调查；另一方面是按照培养学生全面发展的需要，对相关的热点问题进行社会调查。社会调查的形式有实地调查、问卷调查和网上调查等。组织学生进行社会调查的主要形式是选择具有代表性的单位，让学生到某个地区、部门和企事业单位，以采访、蹲点、座谈、参观等形式，深入实际进行专项调查。通过调查，收集资料，实地观察，了解生产经营、企业管理、制度建设等实际情况，了解会计工作的组织、人员配备与素质、工作环境、会计核算与会计管理、存在问题等实际情况，了解社会经济改革、经济建设等方面的实际情况，拓宽视野，运用所学理论与方法，进行分析，揭示本质，加深对理论与方法的再认识，写出调查报告。学生通过社会调查，增长实践知识，锻炼社交活动能力和独立工作能力，提高政治思想水平。由于社会调查具有内容单一、时间较短、方式简便、联系面广、耗费较少和收获较大等优点，是会计实践教学中一种较好的形式。

6.毕业论文

毕业论文是根据教学计划安排，在课程学习结束后，为综合检查知识水平和考核科学研究的初步能力，由学生按照专业选题而撰写的论文，亦称学士学位论文。毕业论文要事前选好与专业相关的论题，题目要有实践性（与现实相关）、理论性（与综合认识相关）和创新性（与探讨新问题相关）。撰写毕业论文要拟定写作步骤，包括选定论文题目、拟定论文大纲、搜集资料、展开社会调查告示。通过撰写毕业论文的实践，有利于培养学生的综合能力，为其走向实际工作岗位做好准备。

（三）课堂教学

无论什么专业、什么学科、什么课程的教学，课堂教学都是最基本的教学形式。学校的中心工作是教学，教学工作的中心是课堂教学。课堂教学要有宽度和深度。宽度就是把学科知识生活化、经验化、情境化、活动化。深度就是学科的厚度，要把学科知识概念化、科学化、规范化、逻辑化。没有宽度的课堂，必然是机械、乏味的课堂；没有深度的课堂，必然是平庸、表层的课堂。深度和宽度的均衡分布，最有利于课堂教学效益最大化。

课堂教学效率的提高是由师生的相互促进共同完成的。课堂教学是一个过程，在这个过程中教师是主导、学生是主体。对于二本院校，由于学生的基础状况、学习目的等不同，这就要求教师必须在课堂上营造出积极的课堂学习气氛，以激发学生学习的兴趣，使他们主动地参与到教学活动中，努力追求学习的乐趣和成就感。

1.会计课程的课堂教学要做到理论与案例（实际）相结合

课堂理论教学宜采用研究性教学模式，其基本内容包括基本知识理论的教学和课题研究教学。

基本知识理论的教学是学科课程研究性教学的基础，一般采用讲式和互动式教学法。即教师从"少而精"的原则出发，按课程性质和教学要求提炼出课程的基本结构、基本知识和经典理论，然后运用激疑讲授、激趣讲授和互动式教学等方式与学生共同生成知识。

课题研究教学法的过程一般为：创设情境—探索研究—获取新知—应用新知。主要包括课题研究指导教学法、课题研究成果汇报教学法和课题研讨教学法。课题研究指导教学法是教师将学生分成不同的研究小组，然后根据课程内容和要求与学生研究小组共同确定研究课，并指导其进行课题研究的方法。课题研究成果汇报教学法是学生研究小组就自己的研究成果向全体同学和教师汇报的方法。课题研究教学法是教师组织学生就课题研究中的重点、难点问题进行研讨，以提炼知识、共享知识、发展能力的方法。

案例教学在课堂教学中也很重要。会计学课程除有自身的基本理论外，还特别强调法律、政策、制度的规定。在课堂教学过程中要全面推行案例教学。由于教学案例是在实际调查的基础上编写出来的实际事例，尽管也可能对某些情节进行了虚构，但其内容是有客观依据的。因此，在会计学专业课程中应贯穿案例教学，即结合每门课程的具体内容，设计若干案例，穿插在有关章节中讲授。通过案例教学，可使学生通过对来自实际的案例资料进行分析，增进对相关会计知识的理解，初步学会运用所学的知识解决实际问题，使书本中的理论知识和实际问题在课堂上结合起来，有利于学生理解各项会计实务的内容，有利于理论联系实际和培养学生分析问题、解决问题的能力。

2.会计课程的课堂教学要做到理论与实验（实训）相结合

设计会计理论教学与实验教学相结合的途径，注意会计实验内容与会计理论课程配套。要达到培养应用型会计人才的目的，不能只考虑某一门会计课程的实验，而应该从全部课程的设置出发，按其内容的需要安排会计实验，使会计实验成为一个体系，针对不同环节、不同方面和相关会计课程进行会计实验，以配合会计理论课程教学。

在理论教学过程中穿插实验教学，在实验教学过程中渗透理论教学，把会计理论教学与会计实验相结合。会计实验是依据现行的财务会计法规、制度对具体经济业务加以处理，因此，理论课教师要重视实验课内容，要亲自指导实验。应对每一项实验，从会计的理论、方法与法规等方面，向学生讲明会计实验的依据。如在讲授会计凭证时，可先将现金支票、发货票、入库单等单据发给每个学生，让学生自己观察手中的单据，思考哪些内容、哪些项目应由会计人员填制，然后讲解什么是会计凭证，包括哪些内容，对于空白的每一项逐项讲解填列。这样不仅完成了理论学习，更锻炼了学生手脑并用的动手能力，从而增强学生学好会计的积极性，使学生能够将会计实验与所学的会计理论课程联系起来。

在会计理论教学中，应强调教学方法的多样性与灵活性及各种教学方法的相互配合，以提高仿真模拟的实验效果。在理论教学过程中，如何利用最短的时间，运用最科学、合理、有效的方法和手段，提高仿真模拟的实验效果，是会计教育急需解决的问题。可以充分利用现代技术，建立计算机网络教室，采用演示教学、相互探讨教学、虚拟显示教学以及远程教学等多种方式，突出会计理论教学的操作性，以实现理论教学与实验教学的完美结合。

（四）校内实习

会计教育的导向具有知识传输和能力培养的双主导型特征。知识传输就是理论课程的教学，而能力培养的主要途径是实践教学。实践教学最好的途径是到企业顶岗实习，但是因实习经费的普遍不足、实际工作单位财务部门工作环境的限制、单位商业机密的安全、会计工作的阶段性与时间性特点等因素，决定了校外实习难以取得令人满意的预期效果。因此，许多高校在校内均建有会计实验室，以弥补校外实习的不足。

会计实验是实践教学的核心组成部分。会计实验教学体系按实验要求大体可分为：单项实验、阶段模拟实验和综合模拟实验。

单项实验即以理论课教材的章节为实验单位，按理论教学进度分阶段组织实验。如在"基础会计"的教学过程中，可分别开展原始凭证的填制和审核实验，记账凭证的填制、审核和传递实验，会计账簿开设和登记实验，结账和错账更正实验等。

阶段模拟实验在学生学习完某一门会计专业理论课后进行。一般安排1～2周的时间，对本课程所涉及的经济业务和相关会计处理方法、程序进行综合的模拟演练，让学生进一步巩固深化本课程所涉及的相关知识，如财务会计模拟实验、成本会计模拟实验、财务管理和经营分析实验等。

综合模拟试验一般在毕业前夕进行。综合模拟实验是以某一模拟单位某一特定月份（通常为12月份）完整的会计资料为基础，按照实验的总体要求，从填制原始凭证、记账凭证、登记账簿、编制报表、编写财务说明书，结合税收知识、财务管理知识、成本管理会计知识、金融知识等进行财务分析，直到完成实验分析报告。综合实验的主要目的是使学生受到综合、全面的训练，要提高学生的实际操作能力，也要提高学生分析问题和解决问题的能力。

校内实习包括模拟实训与仿真实验，由理论教学与单项实训教学同步，融"教、学、做"于一体；分岗实训与综合实训相结合；手工账实训与电算化实训相结合；校内模拟实训与校内仿真实验相结合，以期提高学生的实际业务水平，培养出社会需要的合格的技术应用型人才。

1.理论教学与单项实训教学同步

会计课程的"教、学、做"一体化，是将理论教学内容与实训教学内容有机地糅合在一起，将原来的课程同与之相配套的实训课题有机组合，做到了系统性和实践性的有机统一。财务会计课程以会计职业岗位群对会计核算知识的要求为目标，以对外报告的会计信息生成为主线，以四项会计假设为前提，以资产、负债、所有者权益、收入、费用、利润六大会计要素的确认和计量为基础，以通用内容业务具体准则为补充内容体系，最后以财务报告为总结，形成相应的内容单元的同时，将财务会计单项实训课提前，在理论教学过程中同步实施财务会计单项（各个内容单元）实训，边教边学、边学边做。这种一体化的教学模式可使理论知识的学习与实际操作的训练在最短的时间内紧密结合，理论指导实践，实践又深化理论，并且与职业资格考证体系一致，使教学内容更具有针对性，做到课证融合，融"教、学、做"于一体，使学生真正做到知行合一，对培养学生的专业素质起了很好的促进作用，使教学时间和教学设备的利用率大大提高。

2.分岗实训与综合实训相结合

会计核算需要一定的理论水平作为职业判断的基础，同时又要严格按照制度规定进行实务操作。"财务会计岗位实训"课程以会计职业岗位群对会计核算能力的要求为主线，突出会计核算业务操作。基于中小型组织将会计分为若干岗位，主要训练出纳岗位、财产物资岗位、往来结算岗位、成本费用岗位、财务成果岗位、资金岗位、总账报表岗位等工作领域的业务操作；采用一岗一人或一岗多人的形式，形成一个会计工作团队，既分工又协作；在组织方式上，按内控制度和不相容岗位分离原则，分为财务负责人、制单会计、记账会计、出纳、审核等岗位，共同组成一个实训小组，定期轮换，达到掌握会计职业各个岗位、各单项技能的基本要求。

完成内容分岗、组织方式分岗实训后，独立进行财务会计综合实训，这是会计分岗实训在核算程序上的巩固、内容上的更新。它基于小型组织将若干会计岗位集于一人，即一人多岗，每个学生独立完成一套模拟资料的实训程序。综合模拟实验的实习资料必须选择有代表性企业的资料，并且进行设计加工。设计加工的目的在于将一个真实企业中可能涉及不到的业务，集中于一个典型企业，进一步增强资料的全面、系统与代表性，以收到"麻雀虽小，五脏俱全"的效果。财务会计模拟实习的主要目的是使学生掌握综合处理日常会计业务的能力，要求学生独立利用已知资料编制原始凭证、记账凭证，登记账簿，编制报表，使学生进一步熟练会计人员的基本技能，提高其独立处理日常业务的能力。

3.手工账实训与电算化实训相结合

会计手工模拟实践是基础，它可以帮助学生全面认识和理解会计活动的全过程及其规律。而会计电算化模拟实践是对手工模拟实验的升华，其利用计算机和网络技术等手段进行全面系统的会计电算化处理，提高会计工作效率。很多用人单位也将电算操作能力列为招聘的条件之一。根据社会的这种需求，在手工会计模拟实训的基础上，可利用手工模拟资料开展会计电算化模拟实训。其方式是在上述手工完成综合实训资料——会计凭证填制、账簿登记、会计报表编制的基础上，将会计凭证输入计算机，同时完成会计电算化的账务处理及会计报表的编制。将两者有机结合、相互渗透，巩固学生会计业务的处理能力，提高其综合实践能力；使学生能熟练使用和掌握现代财务管理软件，提高其职业适应能力。

4.校内模拟实训与仿真实验相结合

无论是财务会计单项实训、财务会计岗位实训，还是财务会计综合实训都是校内的模拟实训。要实现零距离就业，需要有紧密型的实践基地的实践。校内外实训基地是实训系统的重要组成部分，是学生与职业技术岗位"零距离"接触、巩固理论知识、训练职业技能、全面提高综合素质的实践性学习与训练平台。但是由于会计岗位的特殊性，校外实训基地实际上很难让在校学生接触到真实、完整的会计内容。因此，在校内建立仿真实验室（工厂化的实训基地——会计代理记账公司）是解决这一问题的关键。通过校内具有双师资格、具有实践经验的会计教师，聘请相关企业的会计师、会计工作者共同研究建立校内代理记账公司，争取一定数量的企事业单位的支持，获得会计代理业务。代理记账公司可接纳教师兼职顶岗工作、接受学生顶岗实践，成为学生真账实践的基地。以一家典型企业的实际业务为范例，让学生按手工账操作、电账操作、纳税申报三大模块对企业会计工作进行一系列的会计岗位工作操作。真实账务流程、真实票据、亲自参与报税，独立全盘操作账务、税务，系统地学习和掌握会计岗位所需的基本技能与专业技术，取得实际工作经验，巩固、综合、强化实践能力，实现学校职业教学、学生岗位素质培养、代理公司获取盈利等多赢共进的局面。

（五）校外实践

校外实地实践教学模式是财会专业的学生在学习完相关理论课程之后，由学校或学生自己与校外相关业务单位进行联系，将校外业务单位作为实践教学的基地，让学生到实践教学基地进行实地实践的一种实践教学形式。这种实践教学模式涉及的知识全面，可以让学生在真实的环境、真实的条件下亲身体验到会计实务工作的具体内容和处理方法，旨在提高学生实际业务操作技能。

校外实践可采取两种方式进行：一是复做实验，即将企业（公司）的近期1个月已做账业务抽出（借出），在指导教师的监管、引导下，按企业（公司）当时执行会计政策的要求进行账务处理，并将会计核算结果与原会计人员核算结果核对，达到实践的目的；二是顶岗实习，即在企业（公司）会计人员的指导下，对当期发生的经济业务进行账务处理。

但校外实地实践教学模式在实际操作过程中也存在不可忽视的问题，表现为以下三个方面：其一是实践教学基地的原因。由于企业商业秘密意识的提高以及会计岗位的特殊性，很多业务单位都不乐意接受学生参加实地实践，最多是让学生参观一下业务流程。所以目前很多院校财会专业都面临着没有一个稳定的学生实习实践基地的困境。其二是学生的原因。学生由学校到实习单位，实际上是初步踏入社会，很多学生不能快速地转变自己的角色，既不积极发问，又不努力学习，甚至有些学生根本就不去参加实习。其三是学生实践成效难以考评。由于客观条件的限制，难以建立学生实践跟踪考评制度，对学生在单位的实践状况难以衡量。上述三个方面的原因使得校外实地实践教学模式流于形式，不能发挥较好的效果。

在采用这种实践教学模式时，首先需要一个稳定的实习基地。这个条件的建立需要高校、政府、社会的共同努力，特别是高校，应当积极主动地与企业建立合作平台。高校应在与企业沟通中阐明这种合作平台的搭建是以双赢为基础的，是双方共建共享的资源；如果高校有条件也可以以教室或者学院为依托，建立公司作为学生实习的基地。其次需要学生的积极配合从而完成实习任务。最后，必须对学生实践的效果强化测评。

（六）注意事项

要实施"两中心三结合"的会计课程教学模式，还必须注意以下事项：

1.明确主导与辅导的关系

由于校外实地实践存在着一定的局限性，因此，对于一些基础的课程以及课程中的基础实践应主要利用校内实验室进行模拟实验。而对于一些综合性课程或者与单位联系较为紧密的课程则应将校外实地实践作为教学主导，学校及教师必须明确主导与辅导的关系，不能一味地依靠校外实地实践。

2.提高教师的实务操作能力

学校在引进人才的时候应考虑会计学专业对实践型教师的需求，而对于在岗的教师应不断寻求机会提高其实务操作能力，如相关教师可以定期到企业去顶岗或学习。

3.强化对学生实践效果的测评

只有将学生的课业成绩与相关的实践课程挂钩，实践课程才能发挥较好的效果。例如，可以将学生相关课程的总成绩分解为理论课成绩与实践课成绩，理论课成绩占总成绩的 60％，实践课成绩占总成绩的 40％。毕业论文或设计与毕业实践相挂钩，邀请企业财务人员参加学生毕业论文或设计的答辩，实现产学研结合。

第四节 信息化背景下的会计教学模式

一、基于微课的会计教学模式

（一）微课概述

1.微课概念的提出

国内较早提出微课概念的是胡铁生。他把微课定义为"按照新课程标准及教学实践要求，以教学视频为主要载体，反映教师在课堂教学过程中针对某个知识点或教学环节而开展教与学活动的各种教学资源的有机组合"。当时微课的核心内容是教学片段的课堂实录。此外，还包括与该教学主题相关的教学设计、素材课件、教学反思、练习测试、学生反馈、教师点评等配套教学资源。实际上，它是一个以课堂教学视频实录的片段为核心的教学资源包。可见，胡铁生提出的微课概念与微课的本来字义是不同的。

2.微课程教学法下的微课观

（1）微课的定义

微课程教学法是站在课程的立场上来看待微课程与微课的。微课程是在云计算、移动互联环境下，有关单位课时教学活动的目标、任务、方法、资源、作业、互动、评价与反思等要素优化组合为一体的教学系统。课程设计、课程开发、课程实施、课程评价四大范畴在微课程教学系统中得到落实，所以微课程首先表现为课程，而不是纯技术。微课是由教师录制的、以微型教学视频的形式帮助学生完成自主学习任务单（以下简称任务单）给出的任务的配套学习资源，属于微课程资源的范畴。当它与特定的教学方式相联系时，就成为微课程教学法几大组成模块之一——配套学习资源模块。如果不把微课纳入微课程范畴，微课充其量就是一个配了音的课件。

从微课程教学法关于微课的概念来看，我们要从以下几个方面对微课进行理解：

第一，微课是帮助学生自主学习的一种配套资源，但仅仅是微型教学视频形式的配套学习资源，不代表全部配套资源。因为语文、科学等学科需要从支持混合式学习的多种配套资源中优选资源。

第二，微课在这里特指微型教学视频形式的配套学习资源，而不是传统的课堂教学实录片段，也不是纷繁复杂的资源包。

第三，微课的作用与目的在于帮助学生完成任务单给出的学习任务。这是微课三条含义中最为重要的一条，其清晰地定义了微课与自主学习任务单之间的关系，从而明确了微课在微课程教学法中的地位和作用。

（2）将微课纳入微课程范畴的意义

微课程在结构上分为任务单、配套学习资源（含微课）和课堂教学方式创新三大模块。

微课作为配套学习资源，与任务单相匹配，构成单位课时教学活动的课前学习资源。在课前学习中，任务单是学生自主学习的支架。学生在家根据任务单给出的任务进行自主学习。

在完成学习任务的过程中，学生很可能会碰到困难，这就需要教师提供帮助学生完成自主学习任务的配套资源。微课显然在帮助学生克服困难、达到学习目标方面有着得天独厚的优势。它可以让每一个学生把"教师"带回家，成为他们自主学习的伙伴。作为视频资源，微课尤其适合学生在需要思考或者做学习笔记的时候暂停，在没有理解学习材料意义的时候重复播放，以便理清思路，一步一步地建构新的认知结构。因此，在大多数情况下，微课是众多配套资源中最有利于帮助学生完成学习任务的资源。

作为微课程资源，微课不是传统的辅助教师讲课的资源，而是供学生自主学习使用的资源。因此，微课不应当由教育机构开发好了再提供给教师、学生使用，而应当根据学生自主学习的既定目标以及由此派生的学习任务，即学习需求来开发，使其真正成为帮助学生完成自主学习任务的"脚手架（支架）"。微课的问世，标志着新资源观的产生，即变教师上课资源为学生学习资源，人类教育史从此开始了资源建设的新时代。微课与任务单相配套可以使学生学习目标明确，从而显著提升其自主学习的质量。二者相辅相成，共同帮助学生完成学习任务，实现学习目标。

在开发微课的过程中，教师是学生自主学习的帮助者。虽然他们处于学习的"后台"，但若没有"后台"的精心设计、精心开发，就没有"前台"学生的高效自主学习。虽然教师失去了在学生面前讲课的机会，却能在电脑面前模拟一对一给学生讲课的情境。这样可使教师的讲课更加人性化，语言更加精练，思路更加清晰，能有效地提升教师的专业发展水平，使教师从讲授者向学生自主学习的帮助者转型。

事实上，微课只有被纳入微课程范畴，成为学生自主学习必不可少的资源时，才具有真实的意义。离开了任务单，微课就是海量资源库中的一个课件。因此，微课不是因为任务单而降低了技术促进学习的作用，而是因为任务单能成为学生自主学习中不可或缺的、信息技术与课程深度融合的要素，成为广大教师争相尝试的新技术。

（二）微课的特点

1.微课的逻辑性

微课的逻辑性是指微课呈现出来的教师讲课思路与技术呈现思路的清晰程度。思维逻辑清晰是所有优质微课的共同特点。讲课思路决定着技术呈现思路。清晰的讲课思路，一般情况下不会造成技术呈现思路的混乱（教师对可视化教学一窍不通的情况除外）。混乱的讲课思路，一般情况下不太可能在技术呈现思路上清晰明了。有的教师不善于设计结构化的画面语言，反映的是这些教师在结构化思考方面的素养比较欠缺。清晰、严谨的逻辑对于学生的深入学习是必需的，也是教学受到学生欢迎的必备条件。微课是提供给学生在家自主学习的教学资源，在可视化学习条件下，思维逻辑与技术呈现思路必须统一。如果思路不清晰，那么可视化手段与讲课内容就会互相干扰，不利于学生卓有成效地开展自主学习。

2.微课的合理性

微课的合理性是指教师能在微课设计中表现出较好的解决教学重点、难点问题的技巧，这是教师工作的基本功。教师能够合理安排好微课的逻辑进展，坚持最近发展区理念，设计的任务有利于很好地突破教学重点，化解教学难点，并兼顾好一般知识点，容易帮助学生达到"精熟学习"的效果。反之，如果微课各环节之间缺乏进阶联系，不能渗透教学方法乃至学习方法，就会给学生的自主学习带来困难。

3.微课的趣味性

微课的趣味性指的是微课吸引学生学习的程度。微课程教学法是与翻转课堂教学方式相匹配的。学生学习知识的空间不是在课堂，而是在家里。因此，学生对于学习的管理完全是自主的。学生可以很投入地从事自主学习，也可以把任务单和微课弃置一旁。因此，教师在设计任务单和微课的时候，不仅要考虑如何设计微课，还要特别关注其趣味性，以激发学生的学习欲望，使学生在家自主学习能够起到人机一一对应的效果。广义的趣味性还应该包括如何使讲课更加人性化，从而吸引学生学习。

4.微课的科学性

传统课堂和翻转课堂都关注学科的科学性，尤其是微课。微课作为翻转课堂的学习资源，包含了教师对学科内容的理解。其科学性必须得到保证，否则就容易给学生的学习造成困难，甚至误导学生。微课的科学性，并不是说不允许教师出错。更为重要的是，当教师发现微课存在科学性问题的时候，要敢于面对错误，立即纠正错误，并采取其他补救措施，重新把学生引上正确的认识之路。

5.微课视觉传达的有效性

以往的教学很少关注视觉传达的有效性。微课是提供给学生在家自主学习的可视化学习资源。因此，必须高度重视视觉传达在促进学生学习中的作用。视觉传达的有效性主要表现在视听同步、动态呈现、善用图片和关键字等视觉传达艺术方面。

（三）开发微课的流程

微课的开发大致有五个步骤：组织团队、任务分析、录制微课、质量检查、修改与上传。

1.组织团队

微课开发对绝大多数中小学教师来说是一个新的课题。过去的视频是由专业摄像人员摄制的，现在的微课连传统电教工作人员都感到陌生。因此，组织专业团队、集聚智慧、协作商讨是一个开发微课扬长避短、协同创新的好办法。正因为微课开发是一个新课题，一线教师刚开始实践的时候需要学习与探索，在开发过程中会投入大量的精力和时间，全部微课都由自己开发制作必然会碰到很多困难。这时，有一个学科团队协作商讨、分工开发，就能起到分解工作量、分享开发成果之效。这是一个快速积累微课资源的好办法。

2.任务分析

微课进入教学，经历了从过去提供资源给教师上课使用，到今天教师需要给学生什么样的资源就开发什么样的资源的过程。微课的创作流程必须与它的使命保持一致，才有可能成为学生有效的自主学习支架，帮助学生完成学习任务。因此，创作微课首先要进行任务分析。任务分析可以采取三步分析法：

（1）分析任务

分析任务可以分为三个步骤：一是分析计划目标与教学目标的要求是否一致，即计划目标能否很好地体现教学目标，包括计划目标对教学重难点的要求。

如果有不一致的地方，要先调整任务单中的计划目标，使之与教学目标一致。二是分析任务与计划目标的要求是否一致，如果有不一致的地方，要分析是什么地方出现了问题，然后对症下药，对任务单中出问题的部分做出相应调整。三是分析学生完成任务之后，是否能实现目标，如果不能实现目标，还要继续分析任务中存在着什么问题，疏漏发生在什么地方，并且应在任务单中做出相应的调整。

（2）分析方法

分析任务完成之后，将进入分析方法，即分析微课用什么方法能够更好地帮助学生完成任务。录制方式根据分析方法选择。

（3）分析录制方式

确定用什么方法能够更好地帮助学生完成任务之后，需要进一步考虑用什么样的录制方式才能最有效地帮助学生完成任务。这个过程也是决定选用何种微课类型，从而采取何种录制方式的过程。

3.录制微课

这个步骤是整个微课开发流程的中间环节，前期的准备与接下来的修改、上线都与此相关。

4.质量检查

微课录制完成之后的质量检查对于微课程教学法具有重要意义。对初次录制成功的微课进行质量检查，有利于及时发现微课存在的问题。如果微课存在问题，可以修改后重新录制，保证学生看到的教学视频是教师本人讲课的最高水平。在检查微课质量的过程中，教师会发现自己以往在教学中很难发现的问题，并予以纠正。对于微课讲课中出现的失误，有经验的教师会想办法再绕回到正题上来。但是微课程教学法不赞成在微课录制中这样做。原因在于，当教师在课堂上发现问题后想办法绕回来的时候，学生会发现教师的失误并观察教师回到正题的全过程，认知水平较高的学生会跟着教师的思路回到正确的认识上来，而那些认知水平相对不高的学生会被教师的思路所迷惑，会跟着教师错的思路进行下去，而教师往往会对他们不满，并不能意识到问题的出现是由自己的失误造成的。这对学生来说是很不公平的，对于教师提高教学质量也是非常不利的。因此，微课程教学法认为，教师在录课中如果发现失误（包括讲错、口头禅过多、超过 2 秒钟的停顿、画面出现干扰可视化学习的因素等），应当立即停止录制，待完成重讲的准备之后，再重新录制。这样即使耗费时间，也是值得的，因为一遍又一遍地重讲，会不断提高课程的质量。这种情况叫作"微课最优化属性"。此外，解决问题之后的微课，往往在时长上缩短了。研究表明，大多数微课在 8 分钟之内就足以囊括单位课时的教学内容。因为时长在视觉驻留规律容许的范围内，所以不会影响学生的学习质量。学生因微课最优化和短小精悍属性而受益。不原谅失误对于学生发展和教师发展的作用都是不言而喻的，这有效地提高了单位课时内教学活动的质量。

5.修改与上传

教师检查微课质量之后，如不需要修改，可以直接与任务单一起打包上传至教育云服务平台；如需修改，则启动修改，待完毕后继续检查，待检查合格，可以与任务单一起打包上传至相关教育云服务平台。至此，一个微课的创作流程就结束了。

（四）微课与会计课程整合的意义

1.有利于学生实现个性化自主学习，建立新型会计课堂教学模式

很多会计教师都觉得课堂的教学内容太多，既定的教学任务无法完成。如今，教师可以借助自主学习平台，把众多知识点通过微课的形式呈现给学生。而对于学生来说，他们可以根据自身的学习特点及学习进度，随时对微课进度进行调整，以实现个性化自主学习，从而建立一个信息化时代的新型会计课堂教学模式。

2.提高教师教学技能，促进教师专业能力的发展

微课与会计课程在教学方法上的有机整合，促进了传统会计教学方式的深刻变革。那么，对于教师来说，首先面临的最大挑战就是技术层面上的微课的制作。也就是说，教师必须熟练掌握这门技术，提高自身的信息技术素养，否则就会被时代淘汰。其次是对微课内容的选择，即在制作每一次微课时对教学内容知识点的选择。这不仅要求教师熟悉所有的教学内容及知识点，而且要能及时根据学生对前面微课教学的反馈情况来进行新的调整与选择。在制作微课的过程中，教师必须能够重新对知识进行整合，梳理知识的结构，这样有助于教师改进自己的教学技能和方法，重复对知识点的整合，避免其在教学中出现失误。教师可以对在实践教学中可能出现的问题或学生在日常学习中遇到的问题进行汇总，并将教学中出现的失误整理出来，制作成微课。所以对会计教师来说，制作微课不仅能提高其自身的教学能力，还能促进其专业能力的发展。

3.使信息技术与教学深度融合

借助网络环境下的自主学习平台，教师通过在微课程教学内容的组织方式上的创新以及在教学环节和教学模式方面对微课程的应用，达到微课程与教学方法的有效整合应用，最终发挥其应有的作用，从而实现微课程与会计课程的深度融合。其融合不仅能提高教师的信息技术素养，同时符合会计教学改革的要求，是传统课堂教学的补充，也是课堂教学环节的优化。

（五）微课在会计教学中的应用策略

1.注重微课与传统会计课堂教学的融合与衔接

微课作为一种对传统教学的创新与突破的活动，从选题制作到引入使用，都必须注重突出学生的主体性以及教与学活动的有机结合。微课是整个教学组织中的一个环节，要与其他教学活动相配合。微课是对课堂所授内容的回顾及补充，不能与教学任务完全脱离。完整的微课内容除微视频之外，还应包括相应的微教学资源，如教案、课件、相关练习、反思、点评、反馈等，并在使用中不断完善，以达到最佳的教学效果。

2.会计教师需进一步提高专业业务水平与多媒体网络操作技能

会计教师应结合课程设置的教学目标，为学生挑选、制作优秀的微课教学资源。这就需要教师提升整合学科教学与信息技术的综合能力。但对于大部分会计教师来说，其所掌握的视频拍摄剪辑、计算机互联网等相关技术相对有限，因此，他们需要在相关领域进行一定的学习与积累。对于需要较高多媒体及计算机网络技术完成的微课制作，教师也可请相关技术人员给予指导与帮助。

3.学校应为微课的应用提供设施、平台与资源

在微课启动较晚的部分地区，学校应为教师提供制作微课必备的相关硬件设施，并提供共享与交流平台，积极加强微课教学团队建设。同时可尝试与其他学校进行协作，实现优质微课资源的共建及共享。

二、基于慕课的会计教学模式

（一）慕课概述

1.慕课的定义

慕课不同于传统的采用电视广播、互联网、辅导专线等形式的教育，也不完全等同于近期兴起的网络教学视频公开课，更不同于基于网络的学习软件或在线应用。在慕课模式下，学校的课程和课堂教学、学生的学习进程和学习体验、师生的互动过程等都可以通过在线的方式完整地、系统地实现。慕课是新涌现出来的一种在线课程开发模式，它发展于过去的那种发布资源、学习管理系统以及将学习管理系统与更多的开放网络资源综合起来的课程开发模式。通俗地说，慕课是大规模的网络开放课程，它是为了增强知识传播而由具有分享和协作精神的个人组织发布的、散布于互联网上的开放课程。

2.教学形式

（1）课程范围

慕课是以联通主义理论和网络化学习的开放教育学为基础的。这些课程同传统的高校课程一样，能够循序渐进地帮助学生从初学者成长为高级人才。慕课课程不仅包括广泛的科技学科，如数学、统计学、计算机科学和工程学，还包括社会科学和人文学科。最初，慕课课程并不提供学分，也不算在本科或研究生学位里，参与慕课的学习通常是免费的。然而随着慕课在全球大规模地发展，许多学习者也试图通过慕课获得某种认证，一些慕课平台开始收取一定的费用。

（2）授课形式

慕课不是信息搜集，而是一种将分布于世界各地的授课者和学习者通过某一个共同的话题或主题联系起来的方式方法。这些课程通常对学习者没有特别的要求，所有的课程会以每周研讨话题这样的形式，给学习者提供一个大体的时间表，其余的课程结构也是最小的，通常包括每周一次的讲授、研讨问题及阅读建议等。

（3）测验

每门课程都有频繁的小测验，有时还有期中和期末考试。考试通常由学生评分，比如，一门课的每份试卷由同班的五名学生评分，平均数为最后的分数。

3.慕课的特征

慕课的特征分为内涵特征和基本特征两部分。内涵特征是由慕课的定义所决定的，基本特征是由慕课设计与应用情况决定的。

（1）慕课的内涵特征

慕课的内涵特征包括大规模、开放性、在线实时性。具体表现为以下几点：

①大规模。美国的慕课教学实践证明，注册学习慕课的学习者有上万人，有些课程有十几万人甚至更多。慕课网站中提供给学习者学习的课程多种多样，包括基础学科的课程（如数学、物理、化学、医学、哲学），也含有大量的专业课程（如电子信息、机械工程、自动化工程、天文）。不同的慕课网站有其课程侧重点，为有不同学习目的的人提供学习服务。

②开放性。开放性包括学习资源的开放和对学习者开放两个方面。慕课学习者不受地域、院校、国别等限制，来自世界各地的学习者按照规定进行注册后，都可以广泛使用各种慕课资源，并通过规定形式、内容的测评获取结业证书。

③在线实时性。通常情况下，慕课网站全天候开放，学习者可随时、随地通过网络终端上线进行学习，网站实时记录学习者的学习轨迹；学习者还可以

进行互动、答疑、提交作业和学习效果测评等学习活动。

（2）慕课的基本特征

慕课的基本特征主要有非结构性和自主性两个方面。具体表现为以下几点：

①非结构性。有学者认为，在美国开始开发慕课的过程中，多数慕课提供的是碎片化的知识点，是一组可扩充的、形式多样的内容集合。这些集合的内容能够被"再度组合"，所有的学习资料都是通过慕课使彼此关联的关系。

②自主性。国内外开设的慕课，其自主性内涵存在一定的差异性。在美国开展的慕课教学，其自主性主要体现为以下几点：

第一，慕课没有明确的学习预期和学习目标，由学习者自主确定。

第二，何时学习、学习进度、学习内容和投入多少精力等，由学习者自主决定。

第三，慕课通常没有正式的课程考核，学习者根据进阶测评系统进行自我评价。

在我国引进、建设慕课的过程中，受到顶层设计者的一定约束，慕课的自主性相对变异，主要体现为以下几点：

第一，慕课有了明确的教学目标和学习目标，促使学习者实现学习目标。

第二，在学习计划、进度范围内，学习者可自主安排学习进度、时间、内容等。

第三，结合课程的进阶测评，学习者需要进行学习过程考核、学习结课考核等。

4.慕课与传统教学模式的比较

（1）教学理论不同

传统的教学模式是根据约翰·阿莫斯·夸美纽斯的教育理论设计并提出的。一段时间后，教育家约翰·弗里德里希·赫尔巴特对该教育理论进行总结并加以完善。教育学家伊凡·安得烈耶维奇·凯洛夫发展了前两位的理论成果，将其传入我国，奠定了我国传统教学模式的基础。传统教育模式过于强调教师在教学中的地位，而忽视了学生作为受教育主体的地位。

慕课以选择性学习理论为基础。所谓选择性学习，是指在教师的指导下，学生根据自己的才能选择适合自身发展要求的学习内容、方法和进度等的一种自觉自主的学习方式。这样的学习方式既可以让学生学习到大量的知识，又可以最大限度地发挥学生的主观能动性。这与当下我们所提倡的教育理念相吻合。慕课的另一个理论基础是掌握学习理论。教育家本杰明·布鲁姆对教学活动进行了大量的研究和实验后发现，如果学生拥有充足的学习实践和符合客观规则的学习条件，那么很大一部分学生都可以理解教师所讲授的知识与技能并加以运用。本杰明·布鲁姆在进行研究时还在其中加入了部分心理学的理论。他发现，学生学习时的情感变化也会影响学生的学习成绩，所以掌握学习理论要求学生在学习时拥有一定的积极性并对其所学的知识产生兴趣，淡化终结性评价对学生产生的影响，强调形成性评价在学生成长过程中发挥的重要作用。掌握学习理论还把集体教学和个别教学结合在一起，对学生进行统一的教育，对个别学生进行差异化教育，利用因材施教的教学方法，使得每个学生都可以真正掌握学习知识。

（2）教学目标不同

近年来，我国正对教育进行一系列的改革。改革的主要方面就是在全国推行素质教育，目的是使素质教育与"价值塑造、能力培养、知识传授"三位一体的教学目标相适应。三位一体的教学目标包含了对学生在知识与技能、过程与方法、情感态度与价值观方面的基本要求。但是我国的教育改革也存在着不少问题。首先，教师依旧非常注重学生的成绩，要求学生对知识点死记硬背和机械应用，这样不利于学生创新能力的培养和主观能动性的发挥。其次，传统教学中班级人数多，教师不可能照顾到每个学生，往往会忽略班级里学习困难的学生。然而，慕课更加注重对每个学生的创新性和主观能动性的培养和发展，其教学的最终目的是促进每个学生而不是少数优秀学生的发展和进步。基于这样的目标和理念，慕课的课程都是以视频的方式对学生实施教学的。慕课采取这样的授课方式，可以全方位、多角度、多层次地对学生进行授课，不同程度、不同层次的学生都可以根据自身的需求来学习。所以，慕课的教学对象就是所有学生。

（3）教学程序的不同

在传统教学模式的教学程序中，一是由教师组织教学活动，这是进行教学活动的第一步。这个步骤的关键就是让学生可以快速了解课程中的重点内容，使学生发挥其主观能动性去理解和掌握授课中的知识。二是学生要做到积极复习。学生要复习以往学到的知识，为即将接触的新知识打下坚实的基础，了解其中的区别与联系。三是教师继续新课程的教学活动。这是传统教学模式中最重要的环节。这个环节需要教师全方位地为学生展示新的课程知识，并采取多种多样的教学方式以使学生可以理解、掌握知识。四是应用问题。传统课堂中必不可少的环节——作业，就是学生对所学知识的具体应用。慕课的教学程序与传统的教学程序略显不同。慕课有十分科学化的教学活动与要求。在慕课开始前，授课的教师就会在相关的网站上公布课程的安排与要求等相关信息，并通过这样的方式让学生安排好时间，做好学习计划。慕课是使用网络进行授课的，其课程是教师精挑细选的教学内容。视频课程的时间一般在 10 分钟左右，这样可以使学生保持高度的注意力。教师在慕课的授课过程中会设置一些问题，学生正确回答这些问题后才可以继续学习，如回答错误，慕课会重复播放，直至学生充分掌握这些知识。此外，慕课会给学生留一些开放性的题目，最大限度地保证学生学以致用。教师还会与参加课程学习的学生一起对作业进行批改，作业互评既节省了教师的时间，又使学生加深了对知识的印象，可谓一举两得。

（4）评价方式不同

当今时代有着各种各样的教学评价方法和模式。我国使用最多的还是操作性较强的布卢姆评价方式，即诊断性评价、形成性评价和终结性评价。简单来说，就是通过不同时段的测试（初期、中期、末期）来对学生所学知识进行考查并评价学生的掌握情况。慕课采用的是新型的评价方式——同伴互评。这种评价方式既可以增进学生之间的感情，使学生可以更好地交流，也可对学生所学知识进行检验。在同伴互评的过程中，学生之间的智慧相互碰撞，这样更容易引起学生的思考，让学生在纠错中逐步培养自身的批判性思维。

（二）慕课在会计教学中的地位和作用

1.慕课在会计教学中的地位

慕课教学方式发展迅速，其具有以下三个优势：一是突破时间、空间的约束；二是为学习者的个性化学习提供良好的学习环境；三是提高学生的终身学习技巧，改善个人学习习惯，优化学生对知识的吸收过程。尽管如此，其仍存在一定的不足：一是学生的诚信问题，慕课是非面对面的学习、交流和考试，因此无法保证教学的质量和学生学习的真实性；二是学生的素质培养、能力培养被淡化；三是课件制作成本较高，不利于及时修订和更新课程，由此会出现知识陈旧、资源浪费的现象。上述问题在一定时期内尚不能从根本上得到解决，慕课也就不能取代传统的会计教学的主导地位。因此，慕课目前只能处于从属的辅助地位。

2.慕课在会计教学中的作用

慕课教学更加符合人的注意力规律。轻松而愉快的进阶式学习可以使学生自己把握学习进度，及时检测，及时诊断。这种环节设计能够激发学生的兴趣，挖掘其潜力，而且能够较为有效地避免现行的"填鸭式"授课模式。具体地讲，第一，慕课在会计教学中的应用为学生提供了新的学习方式，拓宽了学习渠道；第二，慕课为学生带来了时间、空间的便利条件；第三，慕课为学生提供了自主掌握学习内容、进度等方面的灵活性；第四，慕课建立了学生与教师之间的互动机制平台，提升了学生的学习兴趣，进而起到了巩固传统会计教学成果的作用。

3.慕课对会计教学改革的冲击与挑战

（1）第一，慕课技术改变了会计课堂教学模式，使之从传统的面对面的授课模式转到高科技网络开放型授课模式。信息化大数据背景下，科技的发展引起了慕课课程的全球化，慕课成为会计教学改革中新生的交互远程学习方式，创新和翻转了会计教学课堂。第二，网络会计电子教科书的全球化占领和丰富了会计课堂材料，使学生能接触到更多的会计信息和知识。第三，慕课课程改变了考试的形式，使之从纸质考试转化为电脑考试，且附加各种考核过程及面对面讨论，从而拓宽了测试评价模式。第四，慕课课程采用了各种教育游戏，这是对传统会计教学课堂的创新与改革。

（2）慕课技术改变了会计教师的角色，使之从课堂教师型角色转变为教练型角色。随着慕课规模的进一步扩大，会计教师的教育理念与教学方法亦发生了巨大改变。自会计慕课课程开设以来，教师虽然是课程的主讲者，但还与其他的技术员、视觉设计专家等建设者合作，不再是唯一的课程主宰者。因此，教师需要重新进行自我定位，认识到慕课技术已使专一的课堂知识讲解转变为知识与思想的升华。

（3）慕课改变了学生作为会计课堂中心角色的局面，要求学生自主学习，从学习型学习者转向研究型学习者，成为网络数字化时代的新型学习者。慕课课程方便、灵活，配有一套较完整的模拟教学模式，有课堂互动、反馈、答疑、交流学习经验的论坛等。因此，学生可以在网上搜寻众多的慕课课程，从中挑选最有益于自己的课程来听，从而改变自己的学习方法，实现对知识的完全掌握和理解。

（4）慕课技术改变了会计教育的学术研究背景，促进了新型数字化学术的诞生。随着网络信息全球化的传播发展，慕课课程为我国会计教育研究注入了新的力量。首先，会计教育研究从纸质文献资料衍生到全文信息数据库；其次，会计教育研究从图书馆和书斋转为灵活方便的网络学术平台；最后，会计教育研究从个体学术研究转到全球学术共同体的认识、参与和思考。这些转变拓宽了会计教育学术研究的新路径。

　　总之，慕课的变革将影响会计教育的生态系统。那么，如何利用现有的慕课课程，如何应对慕课给我国会计教学带来的巨大变化，如何制作富有中国特色的会计专业的慕课，如何面对新形势下的会计教育，是慕课对会计教学提出的挑战与思考。

（三）慕课会计教学发展的前景分析

　　如何发挥慕课的优势是使慕课会计教学更加健康、快速发展的关键。因此，我们要着重考虑做好以下工作：

1.确立会计教学改革的目标

　　在充分掌握我国会计教育的基本状况及我国慕课会计教学迅速增长趋势的基础上，国家教育部门牵头、协调各方面力量，制定现行的慕课会计教学改革的一系列具有一定前瞻性的指导意见和政策，统一规划适应我国教育基本情况的慕课发展路径。当然，会计教学改革目标还需要在教学实践中不断探索、总结、修正和完善，最终达到能够培养出适应我国发展需要的会计人才的水平。

2.慕课与传统会计教学协同发展

　　传统会计教学依然有着慕课教学不具备的优势及作用，如慕课教学存在学习者没有学习动力、学习效果缺乏权威检验（不能获得证书、学分等）、缺乏监督和经常错过作业期限等问题。这些问题有待于在今后慕课会计教学的实践中解决。在现阶段，我们要明确慕课辅助传统教学的作用，形成具有慕课会计教学特色的教学模式。为了更好地起到协同配合作用，我们要发挥好以下几方面的慕课会计教学效应：一是补充效应。慕课为学生带来有助于提高学习成绩的教学形式，拓宽了教师的教学领域，丰富了学生可选择的课程资源，使学生能够学习到更多知名高校的优秀课程。二是合作共赢、资源共享效应。慕课要整合优秀的教育资源，加强分工与合作，充分发挥各方面优势，使越来越多的学生享受到丰富的教育资源。三是教学模式转变效应。慕课教学形式的出现，推进了教学模式的创新与探索，使学生有了新的学习形式。教师利用慕课，一方面可以加强与学生之间的沟通，另一方面可以促进学生之间的协作，进而提高教学质量。

3.慕课会计教学的问题及对策

（1）要解决学分或证书的认证问题。目前，慕课的会计教育学分或证书尚未得到社会的普遍承认，影响了部分学习者学习慕课的积极性，阻碍了慕课的进一步发展。对此，我们要认真加以探讨、研究直至解决学分或证书的认证问题。慕课机构可通过与高校或社会化专业机构合作，来解决学分或证书的认证问题。

（2）要解决学习完成率问题。学习者在学习过程中经常会出现中途退出的情况，这是制约慕课发展的又一问题。慕课机构要适当把紧入口关，对注册者增加一些必要的条件要求。

（3）要解决好网络、电脑软件和硬件问题。慕课的教学通过互联网和多媒体方式实施，所以对网络、电脑软件和硬件都要有一定的要求。一部分学习者由于受经济条件、地域条件、技术条件等限制，还不能完全满足上述要求，这制约了慕课教育的发展进程。

（4）要解决好慕课教学管理问题。接受慕课教学的学习者的接受教育程度和能力不尽相同，他们来自各地，人数规模较大，且呈逐年增长的趋势。这些都给慕课教学管理工作带来巨大挑战。应该怎样管理和评价慕课教师的工作，也是学校需要认真对待的问题。所以慕课机构要有针对性地制定解决问题的办法。如针对学习者接受教育程度和能力不同的情况，慕课机构可以在课程设计和划分学习层次上采取可行的有针对性的措施和办法来进行调整。对学习者人数迅速增长的问题，慕课机构要做好发展趋势的预测，加大网络和电脑软硬件的"扩容"投入、技术投入以及管理者的必要投入。同时，对慕课教师的工作加强管理、引导，做好评价，建立起慕课教育工作的激励机制，将有助于慕课教育工作的健康稳步发展。

4.加大慕课教学的宣传

当今，慕课学习者来自世界各地，人数众多，影响巨大。慕课增加了会计教育接受者的容量，让更多的人有机会接受会计教育，意义非凡。慕课教学与传统教学相比，有其特有的优势，在培养高素质的会计人才方面发挥了积极的作用。尽管如此，参加慕课的学习者占比并不多。数据显示，目前随着人们对网络课程认识的加深，有 30 %左右的学习者渐渐地接触到慕课的学习方式，但仍有 70 %左右的学习者尚未对慕课有所认识。因此，慕课教育形式的发展仍有很大空间。慕课教育机构要加大宣传力度，利用慕课教学在会计学习与工作中所取得的成效加以引导，让更多的学习者认识到慕课教学所适应的广阔范围以及慕课会计教学的优势，从而产生导向作用，让更多的学习者加入慕课会计教学之中。

三、基于"互联网+"的会计教学模式创新

（一）目前会计专业的教学现状及问题分析

目前我国很多高校的会计课程教学模式依旧停留在教师讲授、学生听讲的状态，并且目前对专业课程的关注度较高，单一的课堂教学在教学内容中占据了较高的比重。教师的教学思路比较固化，没有从传统的教学模式中转变出来。比如，高度重视专业教育，忽视了现在市场上对于会计人才的管理能力和通识能力的需求。总体来说，在课程设置上，高校的专业课程和实践课程相对独立，并且专业课程种类繁多，有些甚至有十几种，但是实践类课程数量相对较少。

课程的设置直接决定了学生对于专业学习的热情及兴趣度。专业理论课程的繁多会导致学生学习的积极性和主动性下降，降低学生的学习热情，并且专业理论课程对于大多数学生来说是比较困难的学习部分。这样的课程设置不仅不能提高学生在会计学习方面的能力，甚至还会导致学生对会计学习丧失兴趣从而放弃会计学习。所以总的来说，目前教学课程方面的设置以及专业课程与实践相结合的部分对于学生的发展有一定的阻碍，影响了学生的专业技能提升。

大多数高校在会计专业的理论课程与实践课程设置上基本都采用"集

中性理论学习+集中性整周实训"的教学模式,将理论教学与实践教学分割开来,并且忽视了互联网在教学中的作用。这种教学模式的弊端在于理论知识学习与实践能力训练不能同步进行。教师在保证理论知识被学生所接受的同时必然会加大对理论教学的力度,这样就会导致实践教学被忽视。而学生在这个过程中也会受到影响,专业理论知识的难度会使许多学生对于会计学习望而却步,导致后续的实践学习积极性下降,理论知识的薄弱也会导致实践教学质量得不到保证。教学模式的单一出现了"教师教得辛苦、学生学得吃力",并且最终教学效果不好的现象。

(二)"互联网+"对会计教学的影响分析

教学方式的形成不但包括教师的教法,还包括学生的学法。在传统的教学方式中通常是教师处于主动地位进行知识的传授,学生处于被动地位进行知识的吸收。随着"互联网+"时代的到来,传统的教学方式已经难以适应时代发展和学生素质提高的需求,会计教学模式面临着重大变革。教师和学生在教学过程中的地位也将发生质的变化,主要表现在以下两个方面:一方面,"互联网+"背景下教师教学方法的改变。教师主要起引导作用,促进学生有效地理解和应用所学知识,并不断激发学生的创新精神。一些互联网工具的应用帮助教师实现了教学方法的创新和教学效率的提高。另一方面,"互联网+"背景下学生学习方式的变化。学生成为学习活动的主体,不再被动地接受知识,而是主动进行知识理解、转换、吸收和应用。网络课程等的广泛应用促进了师生之间的互动交流,也便于学生随时进行学习。

(三)目前我国会计教学模式的主要缺陷

目前大多数高校的会计人才培养模式存在一些问题和不足,致使对会计人才方面的培养成果没有达到预期,无法为现代社会输送优质的会计人才,不利于学生就业及社会发展,无法满足企业对会计人才的需要。所以,"互联网+"技术的应用,可以促进高校会计人才培养模式的优化创新。

1.主要还是采用传统的教学模式

随着互联网技术的普遍应用，知识的传播及更新速度变快，更加方便了学生的会计专业学习，使其学习效率有了显著的提升。学生在进行学习的过程中可以借助互联网平台进行随时随地的学习。但是，目前仍有一些高校的会计教育没有跟紧时代的发展趋势，仍然以传统的教学模式为主体。在课堂上讲述实体企业案例时，还是采用传统的授课方式，没有与"互联网+"的多元化数据特点相结合，教授的知识内容仍然以课本为主，学生在接受知识方面处于被动地位。受计算机技术的影响，虽然高校在开展会计理论教学时会使用会计软件进行实践教学，但是大多教师选择的软件较为单调、呆板，在教学实践的过程中，也是主要围绕着会计分项核算进行的，经常会受到课时和场地的局限，使得学生对于会计的实际操作过程较短。此外，教师在进行会计专业教学时，模式和内容较为死板，无法全方位满足学生对学习的多种需求，对学生的会计水平造成了一定的影响。学生与学生之间存在差异性，使得学生对于学习的主观能动性不强，致使此种教育模式中所培养出的高校会计人才无法更好地适应社会的要求。

2.高校会计的课程设置仍有待改进

伴随着"互联网+"的教学理念在教育界被深入、被应用，许多高校在会计学科的课程构建上进行了新的设置形式。例如，院校会利用网上的慕课教学平台、网课直播平台或课程录制渠道，来针对学生的会计理论进行传授。这种授课方式相较于传统授课来讲，更有助于抓住学生的视线；对于课堂的效率性来讲，确实具有一定的促进作用。但由于课程的开放程度有限，虽为学生的学习时间和知识巩固提供了便利，但留给学生与教师的专业互动却仍有不足。且高校会计学科的课程教学并未完全脱离传统教学的影响，线上的测验与考核依旧以此为依托，课程设置中若未给予学生充分的教师指导空间，那对于会计专业学生的学科达成度来讲确实是一种阻力。除此之外，任何一项高校教学资源的建设改进都不是无条件进行的，需要大量的教师人力消耗、资金物力消耗和时间成本消耗，而会计专业作为与社会联动性和接触性极为紧密的学科，其课程设置的更新性和变动性也会伴随着社会的需求度和企业的建设度而不断地调整和适应。因此，高校会计学科的课程设置仍有待改进。

3.高校会计教师的专业追逐力不足

"互联网+教育"是高校教育人才培养的重点倾向。对此，为满足新时代的会计学科建设目标，应对高校会计教师提出更专业的职业导向，令其更好地为社会需要输出建设性人才。伴随着现代科技的飞速发展，网络科技在各个行业及领域通过网格脉络铺陈开来。当代企业的会计工作由原先的数据统计与材料核算转向对企业各种经济业务的统一管控，并借助于大数据的信息存储和云计算的信息处理等网络科技功能，实现了对于企业经济活动的核算和监督。但在现今的高校会计教学形势下，教师受限于课本教材的单一性，学生所接受的知识和可扩展的领域并不充分，这便要求高校教师在进行会计知识讲授时，应坚持"源于课本，又优于课本"的原则，发挥"互联网+"的资源优势，提升追求更高层次的会计教育建设的能力。

（四）"互联网+"形势下会计教学模式如何改革

1.学校方面

（1）针对高校会计的课程设置加大优化投入

为了能够使会计人才的培养更加贴合社会需求，高校教师不能再以传统的单向知识输出作为会计学科的教学课程主力，而是应通过引领与合作的双向式力量，来构建新教育形式下的会计课程。对此，高校应加强对会计专业的网络资源开放建设，丰富学生可选择的会计课程资源，并根据学生建设的需求，按照类型和等级进行阶层式的区域分划，以此来帮助学生将教学课程中的较分散的知识进行统筹整理，便于学生知识接受的统一性与整合性。

同时，在会计课程实用性设置上，要注重对于管理会计的更新。管理会计是以提升企业的经济效益为目的，对企业内部进行的管理活动。一位优秀的管理会计人员要善于捕捉各种经济信息，并将其根据企业的建设需要汇总呈报，积极地帮助企业更精准地进行经济的预测和项目的决策，从而进行更有效的编制计划、控制管理。对于本课程的掌握是在学生基础核算能力上的更高层次的培养，有助于强化学生对经济走向的分析能力和经济信息筛选的判断力，为培养企业所需的会计复合质量人才打下坚实基础。

（2）针对高校会计的课程实践加大优化投入

在"互联网+"的教育理念引导下，不仅仅是会计课程设置的开放性程度变大，学生也由传统的被动知识接受向着主动会计实践转变。伴随着科技经济在社会的发展和企业的建设中站稳脚步，企业会计的工作职能也逐渐向着各项经济业务的总体反映、决策和管控靠拢。因此，为了帮助学生未来的职业走向更加平稳可靠，高校应为学生提供专业衔接和职业实践的机会，并将其作为课程实践考核的重点项目，以此来切实提升学生会计处理的业务能力，在高校时期为学生储备好面向社会的职业资本。

（3）针对高校会计的教师队伍建设加大优化投入

"整合资本，适应时代"，这不仅仅是即将步入社会的高校学生所需做好的准备，对于高校教师也是同样的。为了把握住互联网科技带给高校的智慧成果，高校会计教师必须不断进行知识的扩充和专业的强化，掌握社会前沿的供求需要，明确企业延伸的会计职能，以坚定的职业信念为会计教育更新理念，以开拓的职业精神为会计教育拓展方法，从而更有力地掌握会计教育新形势，更有效地帮助会计专业学生展开针对性指导。

2.教师方面

（1）转变教学观念。教师的课堂教学模式与教师的教学思路和观念有着密切联系。在传统课堂上，教师采用的教学方法趋于固化，忽视了学生的主体地位。随着互联网的普及，各个学科的教学内容都发生了极大的变化，教师在做好自己本职工作的同时也要与社会的发展相联系，将自己的教学内容与社会需求挂钩。教师要通过不断地调整人才培养目标和策略，转变原有的教学思路和方向，更好地实现教学资源的优化配置与利用。在会计教学课堂的调整上，教师首先做好基础的准备工作，充分了解互联网资源对于会计教学的作用及意义。互联网形势下的会计课堂教学主要是将互联网资源融入教育行业之中，以此为主题，实现教育教学与互联网资源的有效渗透。教师在会计课堂进行改革的同时要时刻牢记互联网教育的原则，把握新时代背景之下互联网教育资源的新变化。从以往的教学实践中，教育工作者不难看出，教师的教学思路对学生的学习积极性和主动性有直接影响。教师在教学过程中要及时关注学生的动态，注意学生的上课效率及课堂知识获取率，结合学生的相关表现切实进行教学方法和教学观念的转变，在提高教学效率的同时提高学生的学习积极性和主动性，让学生对会计课堂充满热情，真正地实现教学相长。会计对于大多数学生来说是一门比较枯燥并且有难度的学科，所以教师在授课之前必须做好充分的思想准备工作，掌握好教学难点和教学重点，对教材大纲进行透彻研究，明确学习对于人才培养的要求，让教师在领路人的道路上发挥应有的作用，真正实现教学思路的引导作用和价值。

（2）创新教学方法，创新课题模式。对于教师来说，教学方法在教学过程中起着至关重要的作用。要想使学生真正在课堂上有所学，就必须制定出合理的教学方法，使用适当的教学手段对学生进行引导。教师要投入大量精力对自己的教学方法进行改良和创新，将会计教育的内涵和核心贯彻到课堂教学之中。在互联网大背景下，教师将互联网对学生的影响考虑到课堂教学中。互联网对学生的吸引力是巨大的，教师要根据学生对于互联网的兴趣合理将互联网引入教学中。另外，教师还可以根据社会现有背景将课堂延伸到社会中去。首先，教师可以采取情境教学的方式将社会背景引入课堂中，实现学习环境与社会环境的有机统一，让学生在课堂中感受到社会对于人才的要求。其次，教师还要注重学生和教师在课堂环境中的角色扮演。教师要学会切换自己的角色，将学生放在课堂的主体地位。教师只需布置好相关任务，进而引导学生去完成，而不是将自己作为课堂活动的主体，影响学生对课堂的认知理解。最后，教师可以采用小组学习和游戏教学的方式营造出轻松的课堂环境。小组学习对于提升学生的合作能力、沟通交流能力以及培养学生的综合素质都有很大的促进作用。在互联网的大背景之下，工作市场对于学生的能力要求趋于多样化，传统的教学模式培养出来的学生在现有形势下相对来说没有足够的优势，进而会阻碍学生的未来发展。游戏教学模式引入课堂可以极大地提升学生对于课堂的兴趣，集中学生注意力，并且教师可以根据学生在游戏中的不同表现进行知识的针对性调节，降低教学的难度。游戏策略式教学可以培养学生的兴趣，调动学生的积极性和主动性，挖掘学生自身的潜能，使其在个人学习兴趣的引导下实现对会计知识的学习和掌握，进而实现个人综合素质的提升。

第三章 现代信息技术与会计信息化教学

21世纪，信息技术已经进入飞速发展时期，渗透到人们生活的各个方面，逐渐成为个体间进行交流、学习，个体理解世界的一种基本方式。信息技术在发展过程中的每一次飞跃都是人类文明史上的进步，当其逐渐构成个体日常生活的经验及改变个体社会交往的方式，即当信息技术被大多数人掌控和使用时，便增加了引发教育变革的可能性。

第一节 现代信息技术概述

一、现代信息技术的概念与"四元素"

（一）现代信息技术的概念

现代信息技术的发展对社会的变革可以说有决定性的作用。那么，到底什么才是现代信息技术呢？一般来说，可以从广义和狭义两个角度来理解现代信息技术。

广义上的现代信息技术是用于管理和处理信息所采用的各种技术的总称。它包含一切感测技术、通信技术、计算机和智能技术以及控制技术等。从狭义的角度分析，更能体现现代信息技术的功能和特点：

第一，现代信息技术指的是"信息和通信技术"。它主要是应用计算机科学和通信技术来设计、开发、安装和实施信息系统及应用的软件。主要包括传感技术、计算机技术和通信技术。

第二，现代信息技术是指计算机技术、通信技术与控制技术的结合。

第三，现代信息技术是指利用电子计算机技术和现代通信系统获取、传递、处理、显示、分配所有形式信息的技术。

第四，现代信息技术也可以指应用管理技术，并在技术的、科学的、工程的原则下实现信息的控制、处理和交流，以及人与计算机的互动。

从上述定义中可以看出，现代信息技术的核心是电子计算机技术，并在其他技术（如通信技术、多媒体技术）及工具的共同作用下，实现信息的获取、处理、传递、储存、输入、检索、再生、转换和交流等。

（二）现代信息技术的"四元素"

现代信息技术是为人类服务的，是人类为了更好地认识与了解自然，赢得更多、更好的生存机会和生活条件而发明创造的。从这个意义上讲，现代信息技术是为了扩展或加强人类的信息器官的功能而存在的，这也是信息技术的本质意义。

人类的信息器官通常可以分为以下四类：

第一，感觉器官，如听觉、视觉、触觉等，其主要功能是获取信息。

第二，传导神经，主要包括导入与导出神经网，其主要功能是传递信息。

第三，思维器官，主要指的是具有推理、联想、记忆、分析等功能的器官，其主要功能是加工和再生信息。

第四，效应器官，如用来讲话的口、可以行走的脚或用于操作的手等，其主要功能是施用信息。

因此，与人类的信息器官相对应，现代信息技术也应包含获取、传递、加工和再生、施用信息等功能。由此可以看出，现代信息技术的四项基本内容即现代信息技术的"四元素"：感测技术、通信技术、计算机和智能技术以及控制技术。

1.感测技术

感测技术扩展了人类的感觉器官功能。它主要包括传感技术、遥测技术、测量技术、遥感技术等。

2.通信技术

通信技术扩展了人类的传导神经网络功能。这种技术能够突破空间的限制，帮助人们更有效地传递、交换和分配信息。

3.计算机和智能技术

计算机和智能技术扩展了人类的思维器官功能。这是计算机技术和人工智能技术的结合，对帮助人们更好地加工和再生信息有重要的意义。

4.控制技术

控制技术扩展了人类的效应器官功能。它可以通过输入决策信息，实现对外部事物运动状态的干预，也就是具有施用信息的功能。

现代信息技术"四元素"之间既相互独立又有机结合，以整体的形式共同拓展人类的认知空间。具体来说，现代信息技术的核心是通信技术、计算机和智能技术，二者是现代信息技术存在的基础；感测技术和控制技术则是联系现代信息技术与外部世界的纽带，感测技术是信息的来源，控制技术是信息的归宿，二者是现代信息技术实现其基本作用的前提。

二、现代信息技术的特征

（一）高投入

现代信息技术的主要内容包括信息的采集、处理、传递、存储、复制、维护等，集计算机技术、通信技术、微电子技术于一体。在现代信息技术的研制与开发过程中，每一个环节都需要投入巨资，从而支持整个项目的研制。现代信息技术的高投入通常涉及三个方面的费用：第一，配置精密仪器的费用；第二，尖端材料的消耗费用；第三，复杂的开发活动的费用。

（二）高风险

现代信息技术研发所具有的高投入特征导致其具有高风险，这主要体现在以下三个方面：

首先，现代信息技术研究具有不确定性。例如，企业为了建立信息管理系统需要投入上百万元甚至上千万元的资金，同时还需要考虑每个部门的岗位情况，把握信息流动的内在逻辑，进而设计和制作出适合本企业的信息管理系统。然而，企业自身具有典型的动态性特点，这往往带来信息数据的多变与不稳定，导致定型决策很难形成，这些不利因素可能会导致管理信息系统不同程度地受损或崩溃。

其次，现代信息技术从设计、开发到研制成功的概率比较低。综合来看，信息技术领域中，新产品研发成功的概率只有3%。换言之，信息产品开发不成功就意味着之前所投入的资金被浪费了。

最后，信息产品受市场变化的影响，回报波动比较大。大规模甚至是超大规模集成电路制造企业的出现，一方面促成了巨额成本的生产，另一方面也导致很多产品制造企业被淘汰。就企业角度而言，现代信息技术企业的生存率远低于其他类型的企业。如此一来，现代信息技术所具有的高风险性带来了一种新的经营形式，即风险投资。

（三）高竞争

在当前社会，现代信息技术是社会生产力水平的重要反映，不仅可以体现某一个企业的经营水平，还可以反映一个国家的综合国力，是企业关注的焦点之一。在现代信息技术的支持下，世界上的信息流量激增，这给计算机和网络在加工、处理、存储、传递信息方面带来了很大压力。在国际领域，很多国家都将信息技术作为国际竞争的关键手段，各个国家在技术、人才、贸易、投资、货币等方面的竞争从本质上来说其实是现代信息技术的竞争。

第二节 大数据与会计信息化教学

一、大数据概述

（一）大数据的定义

大数据的整个演变过程除了描述数据集规模之外，还包括对数据的具体利用。说起大数据的"前世今生"，它最早出现于 2011 年麦肯锡全球研究院发布的《大数据：下一个创新、竞争和生产力的前沿》研究报告。之后，随着高德纳咨询公司的宣传和维克托·迈尔·舍恩伯格《大数据时代》的推广，大数据开始风靡全球，进入大众视野。虽然大数据已然成为社会性话题，但截至目前，尚无特定的定义对它进行诠释。

互联网数据中心的报告对大数据如此描述：大数据看起来就像一个来路不明的动态过程。但事实是大数据根本算不上新生事物，虽然它正在向主流世界迈进，并引起广泛关注。大数据并非棱角分明的实物，而是一个与诸多 IT 领域相关的动态活动。麦肯锡研究院认为，大数据知识的存储量已然超过数据库软件工具存储、管理和分析能力的数据集。有学者认为，大数据属于一个多样化、高容量和高速度的信息资产，需要借助不断更新的处理技术来提高自身决策能力和案例分析能力，最终实现流程优化。也有学者认为，大数据是一种数据集合，常规的软件工具无法在既定时间内对其进行捕捉、管理和处理，必须通过新型处理模式和强大的决策力和分析力，来优化整体流程，进而匹配海量、多样化和高增长率的信息资产。还有学者认为，所谓大数据是指它所面对的资料量大到在规定时间内无法通过目前主流软件进行撷取、管理和处理，最终生成能够帮助企业经营决策的信息。大数据专家李国杰院士则认为，大数据是指在一定时间内利用传统的 IT 技术和软硬件工具无法获取、管理、处理和服务的数据集合。

以上各家众说纷纭，但从整体上可以看出，他们都是围绕大数据的范围和内涵等进行描述，唯一相似之处是大数据并非与数据的容量大小直接相关，关键在于面对种类复杂和数量繁多的信息如何进行快速获取和直观分析，将数据转变为信息，进而将此信息提炼为知识，最后借助知识促成整个决策和行动过程。由此可见，大数据离不开敏锐的洞察力和终极价值。

（二）大数据的结构特征

大数据的结构特征可以总结为"3V"，具体是指大数据的规模性（Volume）、多样性（Variety）和时效性（Velocity）。所谓规模性指的是数据量，多样性是数据类型，时效性则是数据创建、处理和分析的速度。人们在大数据结构 3V 特征的基础上提出了 4V，具体包括以下 4 个特征：

1.规模性（Volume）

顾名思义，大数据也就是数量巨大的数据。几乎所有企业在经营过程中都拥有海量数据，数据量不知不觉就达到了 TB 级（1 TB=1024 GB），有的甚至一次性就跃至 PB 级（1 PB=1024 TB）。

2.多样性（Variety）

大数据日渐突破结构化数据的界限，向诸如文字、日志、音视频和地理位置等多种类型的半结构化和非结构化数据靠拢。

3.精确性（Veracity）

对大数据的价值进行挖掘仿佛大浪淘沙，反复处理并留下最有价值的信息。当然，如何挖掘这些数据寻到"珍宝"也是需要考虑和解决的问题。

4.时效性（Velocity）

大数据对于时效性的要求非常严格，企业处于经营状态势必产生大量数据信息，必须保证在最短的时间内对这些信息进行处理，这样才能彰显出大数据的商业价值。旧时的运算周期多以周、天和时为单位，而今变为以分、秒为单位。同时，对处理后的数据信息应妥善存储备用。

综上所述，4V 特征让人们进一步认识了大数据。但不得不说，大数据的特征不仅局限于此，还与其他因素有一定关系，这些因素悄无声息地存在于大数据中，需要结合特定的技术软件和分析方法，才能追寻到数据源的最终价值，使用数据来指导行为，进而促进业务的发展。

二、会计信息化教学

随着科学技术的进步和会计信息化的发展，传统的会计教学遭受到前所未有的冲击。任何事物都有其两面性，冲击的反面就是机遇和挑战。如何把握这来之不易的机遇，除了满足网络信息时代的发展要求之外，还需要加大力度去推进会计信息化教育，具体表现在促进高校教育与社会需求的两相适应，使得会计教学更具竞争力；同时高校应竭力提高会计专业学生的综合素质，为国家培养出实践与应用兼备的会计专业人才。

（一）会计信息化的内涵特征

会计信息化指的是运用计算机、网络等信息技术对企业的会计相关信息进行获取、加工、传输和应用等，旨在为企业的生产经营和控制决策等提供充足、实时、全方位的信息。由此可见，会计信息化的本质是从传统的会计模式转变成为运用现代信息技术进行企业管理的新型模式。利用软件工具对会计信息进行及时收集、处理和应用，这在很大程度上提高了会计信息的时效性。会计信息化包括 4 个特征：第一，以计算机技术为途径，借助计算机实时操作，自动化处理会计核算和编制报表。第二，会计信息化要求会计与各个部门之间通过网络建立密切联系，使业务信息能够直接传递到每个部门，加强企业内部沟通。第三，数据应用能力得以加强，通过及时有效的整合，会计信息化除了完成核算环节，还可进行数据分析、检测和监督，有效规避财务风险。第四，会计信息化要求财务人员具备系统的会计理论知识和计算机相关技能。

（二）大数据对会计信息化的影响

随着互联网技术的进步，电子商务、移动互联和社交平台不知不觉间渗透到人们生活的各个角落，互联网的业务范围明显扩大，如网络购票、微信沟通等。互联网参与人们的生活，为人们提供了诸多便利，如浏览过网页，网页会自动记录曾搜索过的商品，搜索引擎会根据这些痕迹，为人们推送可能感兴趣的网站和商品等。可见，人们在互联网上的活动已被保存于数据库，看似不经意的点击行为，经过分析和整理，所产生的商业信息可能就会对商家有益。处于大数据的时代环境下，互联网可以搜索到每个人的信息足迹，人们在互联网上的活动行为都以数据的形式得到保留，通过互联网进行信息搜索，这些数据信息就产生了无法估计的数据量。因此，互联网保存的所有信息都成为大数据形成的基础。伴随着科技的进步与互联网技术的不断完善，工业、农业和信息业陆续进入大数据时代。大数据借助自身特色，在云计算、物联网等领域的发展有目共睹。同时，它带动线上交易，某些大中型企业通过线上渠道进行交易，业务量飙升，随之而来的是会计信息的处理，依靠人工必然是一场"持久战"，这就需要大数据的参与，对所有信息进行集中处理，专门提升会计信息的利用比例。由此可见，大数据对会计信息化产生了巨大影响，主要体现在以下几个方面：

1.提供会计信息的资源共享平台

会计信息的资源共享除了包括企业自身的各个部门之外，还要及时与外部数据环境进行有效衔接。面对现阶段的电算化环境，企业的供应链系统可以实现生产、销售、财务、仓库之间的数据共通，但流通性不容乐观，这就大大降低了会计信息的利用率。大数据和云计算的参与为会计信息提供了一个集中化的共享平台，数据的自动搜索、收集和记录等全部借助计算机来完成，这就大大减少了会计人员的工作量。企业各个部门之间实现信息共享，对外可将企业数据与银行共享，便于存款对账；与税务局共享便于每月报税，还可以为会计师事务所提供本企业的财务信息；与供应商和客户之间的业务往来实行线上买卖等，企业的日常工作会变得更加便捷。

2.降低会计信息化成本

就我国企业数量占比较多的中小型企业而言，如何通过低成本的方式获取有效的会计信息是它们较大的难题，因为中小企业的构成成分、注册资金与大中型企业不同，其不具备较为雄厚的资金链条与社会资源，如果花费大量的金钱投资会计信息化基础设施的建设，日后的高额维护成本也将是它们所不能承受的。加之会计软件需要定期更新，这些资金的耗费将不利于中小企业的自身发展，因此这也就使得中小型企业一直是信息资源的最小受益群体。

大数据的应用将外部企业的某些数据进行集合，中小企业可以直接使用云计算供应商提供的云平台，不需要自己进行基础设施建设，只需要根据数据流量及在线时间来计算所需缴纳的费用，这大大降低了企业在基础设施上投资的成本。对中小型企业而言，这是一个能够花费较少成本获取选择性数据的平台，这些有价值的信息不仅能够帮助中小企业提升自身的竞争力，也能使大中型企业摆脱建立会计信息化环境的繁重工作。

三、大数据对会计信息化教学的机遇与挑战

企业处于大数据时代下，经营过程中需要不断制定符合本阶段发展的战略。战略的选择并非轻而易举的事情，需要以大量客观数据信息为基础，避免出现主观臆测。作为会计专业人员更需要提前了解、统计企业及市场情况，仔细对比分析相关数据，及时把握企业资产运动及行业前景趋势，为企业的长期发展适时地提出管理和经营建议，做好会计的辅助管理工作。会计信息化教学旨在培养学生的计算机技术和数据分析能力等技能，及时挖掘企业信息，同时与相关外部信息有效结合，牢固掌握大数据时代背景下会计信息输入、加工、处理、存储和输出的理论知识和实践应用，并能通过会计信息网络平台对所捕获的大量数据信息进行合理转换，使之生成有助于企业做出管理决策的有

用信息。

（一）会计信息化课程体系的构建问题

在大数据时代背景下，高校通过会计电算化课程或会计信息系统课程实施会计信息化教学。在教学实践过程中，关于教材和内容的选择，侧重点在会计信息化软件的实际操作方面，尚未出现系统的课程体系作为教学支撑。其缘由总结为两个方面：第一，教学时间的限制。学生在有限时间内只能熟悉软件操作过程，缺乏对理论知识的系统学习。"照葫芦画瓢"式的教学方式导致学生不理解原理知识和业务流程，使得他们无法将所学知识运用至整体性的业务中去解决企业的实际困难。第二，在会计信息化的教学实践中，教学的侧重点在对软件操作流程的掌握上，实务内容的设置非常少，多是有关会计的基本账务处理和日常业务核算。处于大数据时代的会计信息化教学，其重要性呈现出不断提升的趋势。因此，对会计信息化的教学内容进行整合刻不容缓，应彻底告别单一的教学模式，融入信息化理论、会计理论与实务操作，使之形成一套完整的会计信息化课程体系。

（二）会计信息化课程与企业信息化实践相脱节的问题

在瞬息万变的大数据环境下，随着日益加强的信息化，分析和处理会计信息的速度也在不断加快，信息处理更加专业，处理方式表现出多样化的特点。更多的会计人员立足企业，为企业提供最专业的数据信息和实用建议。由此可见，想要顺利参与信息化实践过程，会计人员就要掌握能够充分应对当前形势的专业知识，具有较强的职业判断、会计核算、预测分析及综合协调能力。所谓"无规矩不成方圆"，社会的正常运行需要法律法规，会计人员除了对相关法律制度有一定了解外，还要掌握金融、管理和信息化等知识，全面提升自身能力，投身企业，为其发展提供更加专业而又系统的服务。然而，会计信息化教学体系目前处于封闭或半封闭的状态，专业、学科、课程乃至各个知识点之间都尚未相互融合，且未实现资源共享，这一情况不符合企业的信息化实践。

因此，会计信息化教学的未来发展需要对学生解决企业实际问题的能力进行培养，使之能够灵活运用所掌握的专业知识，采取信息化的专业手段，保证在处理企业问题时游刃有余。

（三）会计信息化教师能力的提升问题

在进行会计信息化课程的教授过程中，指导教师的能力至关重要。然而，各个高校目前参与会计信息化课程教学的教师基本都是毕业后直接上岗，缺乏会计信息化教学的实践经验，只能在教学中将所学理论知识与软件操作相结合，摸索切实可行的业务处理方法。需要强调的是，理论与实践相隔较远，很多情况下单靠理论无法指导学生面对实际问题。大数据时代要求会计信息化教师不断提升自我，学习、掌握更丰富的专业知识和顶尖的信息技术，立足企业实际情况，将会计理论知识与信息化实践有效结合，指导学生系统地学习数据的来源、加工、处理、存储、输出，直至数据信息的使用。在教学内容上，从经济活动到业务处理，再到经营管理，指导学生实现一体化操作。通过会计信息化教学将财务会计与管理会计的系统性内容加以整合，从企业的实际经营活动出发，提高会计在企业管理中的整体功能。

（四）会计信息化教学资源的可利用问题

会计信息化教学资源主要有教材、信息化软件和视频影像等。教材方面，我国的会计信息化教材大部分是框架结构和实际内容的相似度较高，重视软件操作，缺乏理论知识，虽然将侧重点放在实际操作上，但也只是相对简单或最基本的会计处理，缺乏进一步的分析研究，整体性和系统性双重缺乏。在会计信息化教学软件方面，目前市面上常用的会计信息化教学软件有用友、金蝶等软件公司的教学软件。随着市场需求的增加，这些公司将过去单一的会计信息教学软件发展成为多层次的教学软件体系，这一体系将单一实验与综合实验有效结合。教学软件的升级，在很大程度上提升了会计信息化的教学资源，当然其购买成本也有所增加。高校有限的资金导致各学科配置不同，教学软件的使用有着明显的差异，教学效果可想而知。互联网时代背景下，会计信息化教学影像有效地补充了信息化教学过程的不足，网络慕课的出现直接或间接地实现了资源共享，逐渐弥补地区、高校间的会计信息化教育差异。

第三节 会计信息化未来发展趋势

互联网信息在大数据时代下呈现出日益多元化和增长迅速的特点。对于企业海量信息的捕捉和获取，依靠常规软件很难达到理想效果。在此情况下，信息化的处理模式应运而生。通过这一模式筛选和管理企业多种类别的数据信息，获取有价值的信息资源，这些数据信息对会计行业的长足发展影响深远。

随着信息社会的发展，"会计信息化"对自身行业的要求更加严格，它的正常运行需要网络技术给予支持，对所掌握的信息资源进行合理分配和妥善管理，会有效降低成本。因此，我们必须密切关注大数据时代下会计信息化的发展优势、风险因素以及未来发展方向。

一、大数据时代下会计信息化的发展优势

（一）开拓资源共享平台

企业在大数据时代下的发展离不开信息化的支持，开拓资源共享平台成为会计信息化的未来发展方向。不断完善会计信息资源共享平台有助于管理者开展决策活动。资源共享平台可为各个企业之间的顺利交流和资源共享提供平台支持，同时能使国内企业与国外企业建立起合作关系，提高企业的品牌知名度。

（二）降低成本

传统的会计信息化建设成本颇高，但随着大数据时代的到来，这一成本得到明显降低，这就使得会计信息化的建设成为可能。云计算技术大大降低了会计信息化的资金投入，成本随着信息资源的使用量和使用时间而上下波动。因此，大数据时代不仅促进了信息化水平的提高，还有效节省了信息化的发展成本，这是一个用最少支出取得最佳效果的时代。

二、大数据时代下会计信息化的风险因素

在整个会计领域，大数据和云计算技术的应用大大提高了工作效率，普及信息化的企业越来越多，而很多会计人员的水平却在原地踏步，信息技术与人工严重不匹配。另外，由于资源共享平台是以互联网为基础的，这就不能保证它的绝对安全，目前最突出的问题就是安全隐患和信息泄露。因此，在具体运用大数据时需要慎重考虑信息的利用范围和法律保障等问题。

（一）缺少会计信息化理论研究

会计人员参与企业会计信息化建设需要处理诸多会计信息，为企业管理和预算决算做好充分准备。因此，在海量信息的处理上，会计人员不仅要牢固掌握丰富的专业知识，还要熟练操作计算机软件。由此可见，会计信息化的发展离不开会计人员与计算机的有效结合，会计人员对综合知识技能的掌握至关重要。目前，部分会计人员进入工作岗位后现学专业知识，未曾接受过系统化培训，同时，对计算机技能的掌握水平不高，这会影响信息化的顺利推进，使得大数据时代的会计变革进展缓慢。因此，要重视会计信息化的理论研究，普及理论知识，消除大数据时代下阻碍会计发展的不利因素，以充分发挥大数据在会计信息化发展中的作用。

（二）会计信息化系统的安全风险高

在科技迅猛发展的信息时代，各个领域都与网络有着不可分割的关系。会计工作的一系列数据大多源自互联网，企业借助会计软件对诸多会计数据进行加工处理，最后生成财务报表，看起来非常便利、省时省力，但企业的所有数据都行经网络，如一些企业的机密数据，包括经营状况和资金使用等信息，其安全存在隐患；另外，操作不当也会造成数据丢失，对于企业而言，这些都是难以挽回的损失。除此之外，大数据时代的信息化发展离不开软件的支撑，这些软件要求具备较强的兼容性，技术欠缺和维护不当也会加大数据丢失的风险，这是会计信息化安全的另一威胁。会计工作高度敏感和绝对机密的特点，使得会计信息在企业中处于核心地位，企业的发展需要建立在会计信息安全的前提下。目前，我国会计工作平台的登录方式和加密技术都比较滞后，企业不愿投入资金去研发软件的新的加密技术，软件问题的补救也缺乏针对性，这就造成软件的后期维护成本增加，信息安全漏洞百出。另外，企业的管理制度不健全，也增加了会计信息安全的风险，阻碍会计信息化的革新。

（三）会计信息化作用不强

大数据时代下，信息资源的有效利用可以为社会生活提供各种便利。例如，根据消费者偏好，能够获取企业的经营建议；根据顾客选择倾向，为制造商分析得出最优化的建议等。会计信息化可以汇总市场数据信息，为企业提供最有价值的决策建议。但就目前而言，大部分企业的会计工作领域较为狭窄，这就造成数据信息未能得到充分利用；取得的建议可以为企业经营提供助力，但也仅限于此，运营方面未显示出明显价值。

三、大数据时代下企业会计信息化的发展方向

大数据所带来的影响有着明显的双重性，可积极也可消极，它在发展中不

仅能为财务信息使用者提供信息支持，也能更加准确地评估资产的公允价值。另外，它能有效节省数据加工整理过程中所消耗的经济成本和时间成本。因此，大数据时代，会计工作应充分利用大数据来提高企业的会计信息化水平，让投资决策者和信息使用者获得一定程度的解放。

（一）更新会计工作思路

传统的会计流程在大数据时代下饱受冲击。为了紧跟这一时代的前进步伐，信息技术和网络应用必须脱离单一的软件操作或运算方式，建立新时代下全新的工作模式；同时，需要全新的理念来指引会计信息化，为其准确定位，尤其是会计数据的搜集工作，应尽可能地扩大数据信息的搜集范围，搜集内容包括企业真实经济业务的结构性数据信息和促进企业发展的非结构性数据信息。除此之外，还有数据的加工、传输和报告，这些工作的完成需要最合适的方法和硬件设备，这对会计人员的综合能力也是一个挑战，应选择不同的工作方法来分析数据资源，构建新型工作模式，统计和记录有价值的数据信息，以便信息使用者使用。

（二）风险防范是会计信息化发展的重点

大数据时代有着新型的工作模式、海量的信息资源和复杂的经营环境，在这三者交互下进行会计工作，要求企业与外界建立一种常沟通、多交流的密切关系。然而，在这个关系维持的过程中，会计核算数据势必存在流失的风险。数据信息的迅速增长和运算速度的不断提升，加大了会计核算的难度，同时使得会计数据更容易流失。信息技术的发展带来的直接后果是企业获得便利，新型的计算工具和运算方式能够促进信息处理方式的变革。但是，一些网络犯罪行为也相继出现。因此，大数据时代不能只看到好的一面，还要看到其中的信息化风险，提前做好防范工作。

（三）会计信息的行业化集中使用成为发展目标

大数据推动了云计算的发展，云计算降低了企业硬件设施管理和软件维护升级的费用。随着科技的发展和市场的成熟，会计信息软件得以进一步优化，有效节省了企业的时间成本和人工成本。云会计以网络为载体、以云计算为基础，具备专门的软硬件设施和系统维护服务，客户可以借助计算机对相关资料进行核算、分析。

行业不同，企业的发展模式和经营状况必然有所区别，但相同行业内的会计工作有着明显的相似之处，对于大数据的搜集也一定存在共性。因此，企业信息的集中性越强，会计工作的可利用资源就越多，大数据的工作方式和会计软件才会更加实用，这也加快了会计信息化的发展速度。这样看来，会计信息的行业化集中使用就成了会计信息化的未来发展目标。

（四）强化会计信息的综合性

大数据环境下企业的内涵更加丰富，企业价值的影响因素更加繁杂，投资者和经营者在企业中的决策更加复杂。数据资源能够有效提高企业的竞争力，这就使得越来越多的企业看到数据资源的重要性，试图利用数据信息来增加企业价值。因此，过去利用结构性数据来进行预决算的企业，所提供的财务信息已然难以满足自身需要。会计报告应参考非结构数据，从微观的层面来分析企业真实经营状况，提供符合当前社会的综合性数据信息。过去密切关注却未在财务报告中公示的内容，如人力资源、环境资源等信息，现今也应该考虑到，这就符合了财务信息的时代性特征、会计人员应加强量化企业商业模式，对市场动态给予充分了解，为财务信息使用者提供更有价值的数据信息。

（五）大力推进相关法律制定

大数据时代下，应大力推进会计信息化相关法律的制修订，进一步完善立法工作，健全奖惩机制和责任制度，建设第三方监管机构，定期审查共享平台及培养相关用户。

综上所述，大数据时代对人们的思维方式和工作行为带来了不同程度的影响，大量新兴技术的出现为会计信息化提供了更加广阔的发展空间，信息获取和处理范围也被扩大。企业看到新信息带给企业的巨大经济价值，但是如何利用这些便利，及时避开风险，提高技术利用率，促进信息化发展，是企业面临的最大挑战。

第四章 现代信息技术环境下
会计信息化的教学目标

第一节 "互联网+"环境下
会计受到的影响及发展趋势

一、"互联网+"环境下会计受到的影响

（一）对传统会计面临的难题的突破

随着"互联网+"的发展，其本身带有的优势令传统会计面临的一些难题得以突破，如远程查账、远程财务稽查、跨地区财务业务协同等。

（1）"互联网+"使财务工作克服了空间、时间的限制。传统的会计工作受时间和区域的影响，无法随时随地进行数据的查阅，不便开展财务工作。而在"互联网+"下，只要有网络，财务工作就可以在网络上顺利进行，随时追踪数据进行账务处理，如远程查账。

（2）"互联网+"使移动办公无纸化变为可能。互联网的发展，尤其是移动互联网的发展，带动了财务工作的办公新模式。无论是在单位还是在家中或其他地方，只要连接网络，就可以用移动设备查看财务信息，领导的审核签字也可以在线签署，财务工作将会变得更加便捷、高效。

（3）"互联网+"使财务数据实现共享。随着企业的发展，子公司的数量逐渐增加，传统的会计工作无法及时、准确获取各子公司的财务信息，从而导致数据的滞后。在"互联网+"下，随着新信息技术的发展，会计信息化水平将得到很大提高，使财务数据在网络上实现共享变成可能，财务人员可以通过互联网准确掌握各子公司的财务数据。

（二）对传统会计在确认、计量上产生的影响

在"互联网+"与各种经济领域融合的过程中，经营上的创新也随之而来，如网络游戏中的虚拟物品、虚拟货币等。这些经营创新的产物对传统会计在计量、确认上产生了影响。

（1）"互联网+"对会计计量产生的影响。会计上对资产的计量通常有两种价值基础，即投入价值和产出价值。其计量属性有历史成本、现行成本和重置成本等。资产的产出价值是以资产通过交换而最终脱离企业时可以获得的现金及现金等价物为基础的，其计量属性有现行市价、可变现净值、清算价值及未来现金流量的现值。

随着互联网的应用及计量对象的不断扩充，历史成本计量受到其相关性差的影响。对于虚拟资产来说，在传统商品销售中，商品只能销售一次，所有权也随着销售同时转移。而对于虚拟资产来说，虚拟物品可以被多次重复销售，产品的复制成本可忽略不计。由此，虚拟物品的价值就大大超出原来的成本投入，历史成本计量就不适用于虚拟资产了。虚拟资产的价值与其产生的未来超额利润直接相关，未来现金净流量法充分考虑了货币的时间价值及虚拟资产未来的盈利水平，只要未来现金净流量能够可靠地加以预计，虚拟资产的计量将适用于未来现金净流量法。

（2）"互联网+"对会计确认产生的影响。"互联网+"环境下，企业不断发展与互联网有关的领域，会计确认对象逐渐多样化。这些经营创新的产物将会改变传统会计在确认上的认识。例如虚拟资产的会计确认，就是对新型无形资产的确认。由于其符合资产确认条件——企业所拥有或可控制、预期可以

带来未来经济利益，所以可作为一项资产进行会计处理。虽然虚拟资产不具有实物形态特性，与无形资产类似，但虚拟资产的开发和生产是为了销售，给企业带来的是直接利益，这与无形资产又有明显不同。因此，虚拟资产不能按照传统会计的确认方式将其归为无形资产，而应该作为一项新型的无形资产被确认。

二、"互联网+"环境下会计面临的机遇

（一）"互联网+"为会计从业人员转型带来了机遇

我国互联网经济发展起步较晚，企业会计从业人员的知识水平和互联网操作能力没有得到足够的重视，这就导致了人才的相对短缺，也导致了企业在互联网经济下的创新能力的丧失，使得相关工作陷入比较困难的境地。在"互联网+"背景下，会计从业人员除了要具有会计专业技能外，还需要紧跟时代变化的发展，不断提升自我知识技能。这种人才即复合型会计人才。

复合型会计人才要求会计从业人员既有会计的专业知识，又具有熟练操作互联网的能力，还能熟练运用各种会计分析、预测、评价的专业方法。这给"互联网+"下的会计从业人员带来了不小的冲击。对于老一辈的会计来说，纸上算账已经不符合时代发展的需要了，现代会计要求会计从业人员不仅在专业知识方面过硬，业务素养也要提升，要根据政策及时代发展方向提升自我知识技能。而会计从业人员的转型也会促进"互联网+"下财务会计向更深层次融合和发展。

（二）"互联网+"为财务会计向管理会计转型带来了机遇

在"互联网+"的影响下，信息的传递速度和信息的共享性使企业对会计信息的要求越来越高，而传统的会计工作已经跟不上这些要求。随着"互联网+"时代下云计算、大数据、移动互联网等新兴技术的广泛应用和快速发展，

会计的管理职能终于得到了重视，将会计人员的核算工作时间缩减，以便有更多的时间用于为企业创造经济利益的管理中去，将会计核算职能和会计管理的职能明确区别划分。因此，财务会计逐步向管理会计转型。会计工作逐步将重心从外部利益相关者转移到内部经营效益的服务中来，更多地关注企业决策、预测、财务，为企业的发展提供数据支持。这种转变应体现在以下三个方面：

一是由"静态控制"转向"动态控制"。传统的会计工作受到技术和人员素质的诸多限制，一般都是进行静态预算、反馈、预测及控制，这种方式对数据的实时性和准确性都不能保证，不利于企业对数据的正确理解和把握。财务作为企业的重要部门，更无法为企业的长久发展指出正确的方向。在"互联网+"时代，在全新的互联网工具及新型业务管理模式下，财务部门与各业务部门可以无障碍沟通，对信息的准确和及时性也有重大的提升，使得财务人员能够更加容易参与到企业活动及决策中去，有效控制企业内部管理，并且在企业经营的全过程中，根据不同的状况进行适当的调整，对企业可能发生的风险、损失进行剔除，将企业的成本控制在合理范围内，尽可能地使企业的经营利润保持稳步增长。

二是由"事后算账"转向"事前预测、事中控制"。传统的会计工作就是将数据汇总，做凭证、报表，不会考虑为企业带来什么利益。在互联网时代，新兴技术的运用促进了核算时间的缩短，加强了对各种会计信息的分析，这些分析可以在业务开展前及企业决策中作为辅助数据为决策的制定提供帮助。现代会计应将数据的分析和评价作为主要工作内容，主动地提供数据支撑企业利润增长和重大决策，在未来发展中积极参与和讨论，提供帮助。

三是由"部分控制"转向"全面控制"。由于互联网的影响，财务部门与其他部门可以做到沟通无障碍、信息共享，即财务信息反映的不再是不完整、不全面的企业经营数据，而是将企业部门的数据融入财务数据中去，使财务数据更加全面、具体，各部门也能根据财务数据了解业务情况，与预期的对比，并能利用数据开展下一步计划。因此，财务部门与其他业务部门的完美衔接，促进了数据从片面到全面、从简单到复杂，使财务部门从部分控制到全面控制。

为了适应市场竞争，我国企业不断尝试新的管理方式，尝试运用互联网思维进行会计管理。海尔集团是比较早开始对会计管理的理念创新的企业。海尔集团董事局副主席、执行副总裁谭丽霞认为，传统的管理会计是在静态下进行的核算工作，之后进行数据反馈和分析。而在互联网时代，这个方式需要根据所处环境发生质的变化，通过信息技术等方式，对会计信息根据市场环境的变化适时进行预测、计划，对企业的战略提出正确的数据支持。

（三）"互联网+"为会计信息化建设带来了机遇

会计信息使用者的多样化带来的是企业对会计信息的效率、质量，以及成本可控性提出了更高的要求。

我国企业的会计信息化建设虽然已经取得了一定的成绩，但与国外一些公司先进的信息化建设之间还存在一定差距，而这些差距将会阻碍企业的发展。这些差距主要集中于两个方面：一方面是企业的信息化基础比较薄弱。部分企业在信息化建设上没有投入大量的物力、财力，没有采购先进的信息化设备，这导致信息化缺少了必要的信息基础。另一方面是信息化软件的不适合。部分企业在会计信息化软件的选择上，普遍都选择了市面上比较常见的会计信息化软件，这些软件与这些企业的实际情况并不吻合。同时，在会计信息化软件的使用程度上的不足，也是企业会计信息化建设的普遍现象。

随着互联网的发展，以及以云计算、大数据等信息技术为代表的高新技术的突飞猛进，我国企业如果想在竞争激烈的市场中占有一席之地，就必须提升会计信息化。会计信息化在企业的未来发展中起着日益重要的作用。为了贯彻我国国家信息化发展战略，全面推进我国会计信息化工作，国务院和财政部都针对信息化的发展提出了指导意见。

在互联网时代背景下，会计信息化只有顺应网络化、信息化的发展趋势，加强建设，满足国内外不同监管部门和会计信息使用者的需求，才能促进企业提升控制力和管理能力等，使企业在各个市场乃至整个世界的竞争中都占有优势，具有话语权，从而在世界上占有一席之地。

纵观世界上具有竞争优势的大公司，都将信息技术作为企业发展的重要手段。在组织形式、管理方面的创新，都会促进企业经营的效率、提升企业管理水平，在业务流程方面也会促进再造的工作。在大量资金投入的基础上，这些大型公司在信息化建设上积累了大量的经验教训，这些经验教训对会计信息化的实时性、集成化，以及对组织机构、人员的建设都发挥了充分的作用。

（四）"互联网+"为会计相关领域的发展带来了机遇

互联网像水、阳光和空气一样渗透到人们的生活中。互联网环境下信息技术的发展最为迅速，对会计领域的发展影响最为重大。传统会计以每个单位为基础，工作范畴相对独立。在大数据、移动互联网等新兴技术的引领下，企业的服务对象不再都是实体的，也可能是虚拟的，而企业本身也可能是虚拟的。会计资源不再局限于线下，有很多来自线上，由资源的独立走到资源共享。在这种情况下，会计的工作与互联网深度融合，衍生了更多的虚拟产业，如网络代理记账、在线财务管理咨询、云会计、云审计等。在这个基础上也促进了电子商务、信息安全等相关技术产业的扩张和发展。

三、财务工作的发展趋势

纵观国内外企业的发展，都会经历规模变大、人员增多、管理层增加等现象所产生的成本高、效率低、组织机构重复、流程复杂等问题，信息的沟通与传递是否顺畅和快捷成为企业在经营活动中信息是否全面的重要因素。互联网的发展及新型技术和理念的建立，促使会计信息化向信息共享化发展，信息共享服务的提升将会为企业的发展起到不可替代的积极作用。

当今社会，已经有很多企业开始运用共享服务，利用互联网的优势为企业提高效率、准确性和有效性，为企业吸引更多新的客户及更多的业务奠定了基础。以某大型公司为例，随着经营发展规模变大，其子公司遍及全球。在企业内部，流程不标准、准则不统一等问题给企业管理带来了不小的冲击。为了改变现状，该公司开始推行财务共享服务战略。该公司在世界范围内建立了三个区域财务共享服务中心，这三个财务共享服务中心分别处理其各区域的财务工作。经过财务共享服务的实施，其效果也逐渐显现出来：提高财务效率、降低财务成本、统一财务流程等。

随着云计算、大数据作为信息技术手段出现，在移动互联网的背景下信息共享服务提升到了一个新的高度。伴随着财务云、在线会计服务在云会计的基础上建立起来，人们的工作方式也发生了重大的变化，利用互联网无时间、空间的限制，企业的管理人员和信息使用者可随时随地进入信息系统。这种新型的信息共享服务对数据的收集和处理更加高效，对人员的配置更加合理，在工作流程上也越来越标准化，同时低成本、高效率、高安全性也将是未来新一代财务信息共享服务的重要特征。

第二节 现代信息技术对现代会计教学的影响

随着社会经济的发展和信息技术的不断进步，现代信息技术环境下的会计教学也迎来了更多的机遇与挑战。我们要做的是改善信息技术环境，使其能够进一步地完善和提升，促进会计教学模式在良好的环境中有效地开展，积极探索教学模式，在发展中为会计教学提供可借鉴的经验和新的启示。改善信息技术环境首要了解的就是现代信息技术对现代会计教学的影响。

一、现代信息技术对会计培养目标与课程设置的影响

作为一项跨世纪的高校教育，会计教育必须面向新世纪，加快改革步伐，加强信息技术教育，构建适应信息时代的高校会计教育中的信息技术教育框

架。为适应信息社会的发展及其对会计人才的需要，必须改革课程设置、更新教学内容，注重培养学生运用信息技术的能力。

（一）现代信息技术对会计教育培养目标的影响

21世纪是全球信息化的时代，在以信息技术为核心的知识经济中，劳动力资源日益知识化，人的知识成为创造价值的主要源泉。同时，人力资源管理也从简单的人员调配，向人员智力开发、潜能挖掘、知识积累及发挥创造性的综合能力方向发展，教育已成为人力资源管理的一个重要环节。在知识经济中，会计人员的自身价值也发生了质的变化，会计活动已变为一项重要的管理活动，特别是以计算机技术、通信技术和网络技术为核心的信息技术在企业管理中的运用，使会计活动融入经营活动中，并直接参与社会财富的创造。在这种形势下，会计人员在知识结构、基本技能及自我能力的开发等方面，与传统会计人员相比，被赋予了更高的要求，这对会计教育也提出了不同的要求。

传统会计教育在培养目标上，只注重"应知""应会"，即只要求会计人员掌握会计基本知识和基本操作技能，能够完成账务处理、报表编制及一般的财务管理工作。但在以信息技术为核心的知识经济时代，只掌握会计知识的会计人员不仅难以完成会计工作，更无法胜任财务管理工作。因此，现代会计教育培养目标必须适应信息技术不断发展和企业经营环境不断变化的要求，不仅要培养会记账的会计人员，更要培养能够运用现代信息技术进行财务管理的管理人才。

会计人员不仅要通晓会计理论与实务，掌握现代工商管理知识，具有较高的外语水平，还要掌握计算机操作技能、会计软件使用和维护技能，以及网络技术、电子商务等一系列新技术与新知识。

会计人员应把更多的精力放在组织管理、职业判断、分析预测、参与决策等方面。会计人员应具有较强的逻辑分析判断能力和创造性思维能力，能协助企业领导者进行预测分析和决策筹划。

会计人员作为企业业务的综合管理者，应从会计的角度对业务过程的合理性进行评价，积极涉足新的业务发展领域，敢于采用新方法和新技术。

会计人员应能妥善处理与高层经理、业务人员、客户之间的工作关系，了解企业内部与外部的业务情况，以便更好地发挥辅助决策的作用。在信息技术环境下，企业的业务流程和管理组织重组，传统的金字塔式的企业组织结构被团队式的以高效率工作小组为基础的管理结构所代替，计算机辅助协同工作成为企业的主要管理模式。在这种管理模式下，每个成员的工作都可能对企业的整体利益产生重大影响，这就要求会计人员有良好的团队协作精神。

（二）现代信息技术对会计课程设置的影响

在众多财经类院校会计专业现有的会计课程体系中，与信息技术相关的课程主要有计算机应用基础、电算化会计、电算化审计等。在这些课程设置中，计算机及信息技术处理方面课程的比重和深度均不够，不能适应信息技术发展对会计工作的要求。

在现代信息技术条件下，数据共享、网络传输已成为信息管理的主要方式。鉴于会计信息与生产信息、经营信息在很大程度上已融为一体，在设置会计课程时，必须考虑信息技术环境下处理会计信息的需要。首先，在信息技术环境下，许多会计数据直接从业务数据库中获取，会计信息系统中的账、证、表均存储在数据库中，财务人员在进行财务分析和财务管理过程中需调用相关数据库中的数据，因此，会计人员应掌握数据库系统的工作原理及相关技术。其次，会计信息系统是管理信息系统的一个子系统，它与管理信息系统的其他子系统之间均有数据联系，以实现相互协作、共享数据。在信息技术环境下，会计工作向管理方面的转化及电子商务的出现，要求会计人员必须了解并掌握管理信息系统和电子商务方面的知识。

面对信息技术的飞速发展及其在企事业单位的广泛应用，会计教学中增设了很多与信息技术相关的课程，如计算机网络基础与组网技术、数据库原理、管理信息系统、电子商务等课程。会计专业的学生可以根据其爱好与需求进行选修。在这些课程的教学过程中，不仅应加强学生对信息技术的理解和对信息技术应用的掌握，而且要强调对会计信息系统的分析与设计的理解。

为了适应新世纪的需要，会计课程的内容应该随着信息技术和审计理论与实务的发展不断完善。通过会计课程的学习，学生能够理解和掌握计算机审计的对象与内容、计算机会计信息系统的内部控制、计算机会计信息系统审计的方法，掌握计算机审计软件，能够正确地分析计算机舞弊的手段并提出防范建议，为未来的会计工作打下基础。

综上所述，信息技术对财务会计的影响间接反映了网络经济对会计教育培养目标的影响。教育课程必须改革才能与经济环境相匹配。当前，现代信息技术教育是课程中的重点，但是它只有与会计专业知识相结合，会计教育才能达到目标。

二、现代信息技术对会计教学环境的影响

现代信息技术的应用将为构建新的会计教学模式提供理想的教学环境。当前，高等教育会计教学改革的关键在于如何充分发挥学生在学习过程中的积极性、主动性、创造性，使学生真正成为学习的主体和信息加工的主体，而不是外部信息的被动接收器和知识灌输的对象；教师如何真正成为会计课堂教学的组织者、指导者、促进者，而不是知识的灌输者和课堂的主宰。要实现这样的教学改革目标，就不应离开现代信息技术环境的支持。多媒体计算机的特点为传统会计教学模式的改革提供了良好的教学环境。

（一）多媒体计算机的交互性

多媒体计算机的交互性有助于激发学生的学习兴趣，充分体现学生在教学过程中的主体作用。多媒体教学注重多感官的刺激，通过多感官的刺激所获得的信息量，比单一听教师讲课强得多，更符合人类的认知规律，因而也就更有利于教学效能的提高。多媒体计算机的交互性有利于充分发挥学生的主体性。在多媒体计算机这种交互式学习环境下，学生可以按照自己的学习基础、学习

兴趣来选择所要学习的内容和适合自己水平的作业练习，实现学生学习的自主化、个性化。多媒体计算机的交互性所提供的多种参与活动为发挥学生学习的积极性、主动性、创造性提供了良好的教学环境。

（二）多媒体计算机的超文本特性

多媒体计算机的超文本特性可实现对教学信息资源最有效的组织与管理。超文本即按照人脑的联想思维方式，用网状结构非线性地组织管理信息的一种先进技术。高校要充分利用多媒体、超媒体、超文本等方法表述会计教学信息内容，与学生大脑知识的网状结构相匹配，使教学信息内容走向形式多样化、思维个体化、交叉化和综合化，使每个学生都能根据自己的学习需求，寻找学习专业知识的切入点，并且多层次、多角度地对所感兴趣的问题进行探讨分析，再把各种会计学科知识有机地组织和链接，最后系统掌握会计理论与方法。根据超文本的特性，可以按照会计教学目标的要求，把包含不同媒体信息的教学内容组成一个有机的整体。例如，在讲授《基础会计学》时，传统的印刷教材对"会计核算程序"这部分教学内容只能采用文字表述的方法，学生由于对会计职业岗位缺乏了解，因而对这部分教学内容难以理解，假若能深入会计核算单位，用摄像机将单位有关的会计核算工作的全过程包括从审核原始凭证、填制记账凭证、登记会计账及编制会计报表拍摄下来并在课堂上插播，辅之以相关的凭证、账表等实物展示，再结合会计核算流程的动态演示，把这些包含不同媒体信息的教学内容组合在一起，就能取得较好的教学效果。

（三）计算机的网络特性和虚拟特性

计算机的网络特性和虚拟特性有助于解决会计教育资源滞后于现实需要的问题，有助于培养学生的合作、创新精神和促进信息能力发展的研究能力。

1.有利于教育信息资源实现共享

利用计算机的网络特性使得教育信息资源实现共享，使会计教学活动的时空限制大大减少。通过建立教师教学素材库、学生在线学习资料库和电子作业系统、学生的会计实验软件系统和实验案例库,可以把高校内优质的会计教学资源集中起来,放在高校的会计教育网站,供学生随时随地进行在线学习或下载。利用计算机的虚拟特性,可以创立虚拟化的教学环境,如虚拟教室、虚拟实验室、虚拟校园、虚拟图书馆等,使教学活动可以在很大程度上脱离物理空间与时间的限制。

2.有助于培养学生的合作精神

利用计算机的网络特性有利于实现培养学生合作精神、促进高级认知能力发展的协作式学习。所谓协作式学习,就是要求教师为多个学生提供对同一问题用不同观点进行观察和分析比较的机会。目前基于计算机网络环境下的协作式学习主要有讨论、竞争、协同、伙伴和角色扮演等多种形式。例如,教师可以指导一个班级的学生以某一会计热点问题作为主题进行研究。显然,网络成为学生最好的学术交流和共享研究成果的平台,每个学生可将搜集的资料和自己的研究结论及观点在网上公布,全班进行讨论,通过网络共享资料、共享观点,协调研究步骤,由此推动学生在各自原有的基础上深化研究,最后完成自己的研究论文。

3.有利于培养创新精神和促进信息能力发展的研究能力

利用计算机的网络特性,有利于实现培养学生创新精神和促进信息能力发展的研究性学习。创新能力和信息化会计能力是 21 世纪高素质会计人员的两种重要能力。国际互联网是世界上最大的、拥有丰富信息资源的知识库、资源库,这些知识库和资源库都是按照符合人类联想思维特点的超文本结构组织起来的,因而特别适合于学生进行自主发现、自主探究性学习,学生在国际互联网的知识海洋中可以自由探索,对所获取的大量会计学信息进行分析、评价、优选和进一步加工,再根据自身的需要充分加以利用,这对学生形成良好的信息素养起到积极的作用。

综上所述,将现代信息技术与会计教育教学进行有机结合,将大大优化教学过程,充分发挥学生的学习积极性、主动性、创造性,为学生合作精神、创新能力、信息素养的培养创造理想的教学环境，而这样的教学环境正是创新会计教学模式所不可缺少的。

第三节 会计信息化人才教育发展现状研究

一、当前会计信息化教育的发展状况

（一）计算机的应用加速会计信息化教育的进程

从 20 世纪 80 年代会计电算化的起步到 21 世纪，会计信息化经历了一个飞速发展的过程。由简单的计算机代替手工记账、算账、报账，到 90 年代的商品化、通用化软件，再到今日的管理型软件成熟阶段，会计软件已不再仅仅作为手工记账的替代品，而且还具备了对企业内部的财务资金管理、提供控制决策等功能，进而实现了信息的集成化。

当然，信息化的发展离不开适应时代需要的具有综合能力的人才，这样现实的要求使得高校面临着前所未有的挑战，各大院校要根据社会需求及时调整人才培养计划，转变人员培养方案，加大对信息化系统的投入，调整会计人才培养方向，切实保证会计人才的优化培训。

（二）会计信息技术课程在各高校中已经广泛开设

会计电算化课程教育更多的是作为会计专业学生的必修课。在课程的学习中，学生要简单了解会计应用软件的基本知识，进行上机的实际操作，学会进行会计账户的初始化，编制会计分录，依据原始凭证在系统中生成记账凭证，进行审核凭证，转账结账，进行试算平衡，最终将会计信息生成会计报表。通过对软件的学习，初步掌握会计软件的应用，这样有助于以后到企业中更快地掌握技术，熟悉业务。尽管全球信息化使得高校积极努力培养复合型会计人才，以适应社会企业的需要；然而，在会计信息化对人才的高要求、高标准下，高校对会计人员的教育问题也初见端倪。

二、会计信息化教育发展中存在的问题

（一）电算化课程学习不够深入

即使高校在教学计划中设置了会计电算化课程，但是会计电算化课程的学习内容比较浅显，大多只是在总账下的账务处理，讲授的实例也多以工业化企业为核算对象，发生的经济业务较少、较单一，只是简单讲授基本的业务处理。然而在实际工作过程中的情况远比理论中的复杂，主要有几方面：①会计业务信息的处理涉及的内容广泛，不单单是总账处理系统的业务，企业级会计信息系统还有应收应付账款子系统、固定资产管理子系统、工资核算子系统、通用报表子系统、存货核算子系统、成本核算与管理子系统等诸多系统下的业务处理，但这些都是学生并未实际接触的；②会计核算主体涉及广泛，然而实际上，经济企业单位不都是生产企业，各行各业都要实现会计信息化。并且各类行业不同，企业也都有其特殊的经济核算业务，所以学习时只是以工业企业为例，限制了对学生教育培训的范围，这样不能够更好地迎合社会信息化进程中市场对人才的需求；③一个企业的经济业务多种多样，而学习中的经济业务处理多是简化的，所处理的最多也就是几十笔经济业务，甚至达不到一个经济周期发生的业务，所以在教育中这样的人才培训方式没有减轻企业对职员再教育的压力，学生走出校门后对会计岗位还需要经过一段时间的熟悉，才能熟练软件操作。

（二）教学课程的权重分配失衡

现行的会计教学体系虽然已经随着会计制度的改革做出了相应的调整，高校在会计课程体系方面基本采用"双轨运行"，即一条线是会计专业课程，主要包括初级会计、财务会计、管理会计、成本会计、财务管理等；另一条线是计算机类基础课程，涉及计算机基础、计算机程序及会计电算化课程。但是，课程设置的比重失衡，尤其是会计电算化课程的课时相对较少，学生不能从课程中学到信息化系统的更多知识。两条线上，课程课时设置之间的差距使得会计专业人才的教学目标偏离了社会信息化对人才的需求目标，最终的教育结果是更多的学生偏重专业课程，而忽视了计算机应用在实际生活中的重要地位。

（三）对会计信息化实践学习与技能培训的重视程度不够

由于我国会计信息化起步较晚，受科学技术水平、法规制度、理论知识体系等多方面的限制，国内会计专业人才的培养以会计理论的知识为主，辅以实践学习，对会计工作的实际操作及其他技能方面的指导重视不够，培养的会计专业人员大都缺乏在实践中应用理论知识的学习背景。这种实践学习落后于理论学习的教育模式，由于外界经济环境的多变，使得培养的人才难免滞后于会计业务处理环境的变化，尤其是对于没有实际操作经验的应届毕业生。他们作为会计人员从业后，对会计活动认识不深，缺乏现代信息意识，只注重会计的核算，忽视会计分析与会计管理的重要性，缺乏利用信息技术处理信息的感性认识，影响会计信息化发展进程。

（四）会计信息化课程与理论课程脱钩

虽然会计教学的过程中引进了计算机、会计软件等辅助教学设备，但这些毕竟还只是停留在辅助教学的层面上，会计教学没有根本性的创新。会计信息化系统没有深入到理论学习中，没有得到应有的发挥。当前，会计专业基础课程的实践工作更多的仍然是传统的手工做账方式——手工制单、手工记账、手工制报表，而会计电算化知识的学习往往会重起炉灶，脱离会计专业基础知识课程的学习内容，这样的教学结构使得会计信息技术没有从根本上为理论课程知识服务，理论业务也没有在电算化的实践教学中得到应用，两者的脱钩影响了各自的学习效果。

第四节 基于中小企业需求的
会计专业人才培养模式研究

从我国会计人才市场和会计需求来看，中小企业对会计人才的需求是非常紧迫的。如何创新和完善会计人才培养模式以适应中小企业的发展，是当前我国会计专业人才培养模式创新的一个重要问题。

一、中小企业会计的特殊性与会计专业人才培养模式创新

中小企业在财务管理和会计核算方面与大企业之间存在着较大区别，在会计人才需求方面也存在特殊性，这些特殊性主要表现如下：

（1）会计核算运行与制度规范有较大差异。部分中小企业业主对会计工作的无知和误解以及个别企业主的独断专行，导致企业的内部核算和内部控制混乱，干扰了会计工作的正常进行，造成了企业会计核算的实际做法在很大程度上与现行的制度规范有一定的差异和背离。其主要问题在于会计核算的反序运行，即以税定账、以税建账、无账运行或套账运行等，表现为企业各种财务

制度的残缺不全或选择性设置。从微观上讲，会造成会计信息披露难以客观、公正；从宏观上讲，会使国家难以全面、真实掌握企业经营状况及税务负担，进而难以制定切合中小企业实际情况的管理政策。

（2）中小企业财务会计与税务、债务、内务等方面的关系。中小企业在财务会计管理和实务中存在"三个密切关系"：

首先，与税务部门的关系是无法割离的，这使得企业的财务会计需要有更多的应税方法和处理技巧。

其次，与债务方也存在着理不清的密切关系。除了与银行等金融机构的"官方"债务关系外，还有与各种信用机构或组织的"半官方"关系，以及广泛存在的内外部的民间借贷和私募所形成的债务关系。处理、协调好这些债务关系委实需要企业财务会计人员具有"特殊才能"。

最后，与内部管理和利益方之间的关系。与一般股份制企业不同，甚至与国有、集体企业不同，很多中小企业在经营管理、内部权力结构、外部关系等方面存在大量的利益及其博弈关系。"利益方"关系的存在使得企业财务会计在真实信息、会计处理、收益分配、支付管理等方面有很多特殊的内容和方法。这是会计人员在日常管理和业务工作中需要认真对待的。

（3）资金运行和财务会计管理高度统一。我国中小企业的组织结构大多采取独资企业或合伙企业形式，这些企业一般仅有一个（或家族）业主，其组织结构简单，业主往往具有所有者和经营者的双重身份，同时拥有企业的剩余索取权和剩余控制权，从而使得以股权广泛分散为特征的现代企业制度下产生的信息不对称，及由此产生的各种代理问题在中小企业中出现的概率微乎其微。企业所有权与经营权的高度集中，导致"会计乃工具"成为在中小企业中的管理层看待会计人员的一致态度和普遍现象，也成为会计信息不真实的主要制度原因。中小企业资金运行和财务会计管理的高度统一，为企业业主的不规范会计管理提供了极大的便利，同时也给企业的发展带来了不良影响。

（4）成本费用分布不均和企业负担沉重。一方面，为应对狭小的市场规模和有限的生产规模，中小企业会不断压低生产运作成本，缩减相关费用；另一方面，由于缺乏融资渠道，企业融资成本很高。此外，企业社会负担沉重，尤其是资本积累被大量耗用，在相当程度上影响了企业的结构调整和扩大再生产，从根本上影响了企业未来的竞争力。

综上所述，中小企业财务会计人员与一般大中型企业相比，迫切需要解决三个"素养"问题，即会计人员的"综合"素养——各种财会业务岗位甚至超出财会业务岗位的职责和能力集于一身；会计人员的"职业"素养——既要适应和正确处理各项企业事务又要忠实于企业运行的实际，既要对老板忠诚又要对其施加影响，既要服从又要具有公正的双重责任；会计人员的"全能"素养——即应对税务、债务、内务、业务的全方位能力，既要有理论与实践的才能又要有灵活与规范的技巧，既要有应对各种日常的会计、管理、核算、信息报告分析等的业务能力，又要有灵活处理小而杂、少而怪的业务事项的本领。这就是中小企业对财务会计人员的真实需求和现实需要。

二、中小企业会计专业人才培养制度创新策略

从具体操作方法、措施和制度方面看，其创新策略主要有以下几个方面：

（一）重视会计专业人才培养

对会计专业人才素质缺乏应有的认识是导致我国会计人才尤其是中小企业会计专业人才培养状态不甚理想的重要原因。国际会计师联合会公布的《国际会计准则第9号》中，将会计人员应有的素质分为知识、技能和职业价值观三类；同时，将职业道德和职业价值观、沟通技能、交流技能和理性思维能力作为核心素质。国内外学者有关会计人员应当具备的素质的研究有很多，大多数学者认为会计专业人才（会计人员）最主要的素质分别是商业管理技能、商业管理知识、核心会计知识、个性特征、基础知识和技能。

面对不断变化的社会经济环境和基础教育在创新能力培养方面的不足，会计人才素质培养必须树立创造性教育、终身教育、人本教育和技能教育的理念，

从而突出适应中小企业需要的会计专业人才培养模式。

（二）构建合理的课程体系

应按照"宽口径、厚基础、高素质、强能力"的培养思路设计教学方案，改变长期以来注重专业需要和偏重知识传授的做法，综合考虑调整学生的知识、能力、素质结构，改革教学内容划分过细、各门课程过分强调系统性和完整性的状况，加强不同学科之间的交叉和融合。

（1）对会计专业的基础课程应适当压缩整合。避免教材内容僵化和重叠，增加对定义及不同观点的探索。同时，应将中小企业财务会计的内容融入教学中，既有针对性地讲授，又要为学生的就业打下坚实基础。此外，还可适当选择一些必要的课程作为必修课或鼓励跨学科选修，既不占用学生太多时间，又可以让其领略到其他学科知识的精华。

（2）应将学科内容划分为基础课程和应用课程。基础课程应以学生的知识和能力的培养为重点，如强化各级别财务会计的学习和运用。应用课程应使学生在学习基础课程的基础上，深化各门类会计、非营利组织会计和运用型会计等课程的知识掌握。

（3）对会计专业的课程体系进行改革创新。要充分考虑专业知识结构和企业需求结构的一致性。从专业结构上讲，要在基本知识、相关知识的基础上，加大专业知识和专业能力的培养；而在适应中小企业需求方面，要着重在企业成本核算、会计方法及财务会计与税务、债务方面的能力培养，增设税务、信贷、工商、进出口业务等办理的具体业务课程，并加大基于此的实践能力强化训练。在创新能力方面，注重对中小企业在投融资能力方面和税务实践方面的训练和培训。同时，还要加大对会计方法（包括处置、操作、研究、比较分析等）的教育、养成和启发。改革现有课程体系的核心问题，一是注重能力、应变力和创新，二是注重操作和知识体系。

（三）改进教学方法

教学目标体系的调整并不意味着放弃系统知识的教学，而是要求教师应用现代高科技教学手段与技术组织教学、传授知识，大力推行互动式教学方法。要多层面、全方位地采用"案例教学法""讨论式教学法""实践式教学法"和"创新式教学法"。其中，前三种教学法是典型的互动式教学法。

案例教学法首创于美国哈佛大学商学院，以其先进的理念、富有启发性的教学方法在工商管理硕士教育中得到了广泛的应用，由于具有针对性的实施方式，其成为现代管理培训中一种不可替代的重要方法。案例教学法的应用要求在学生学习和掌握一定会计理论知识的基础上，将会计案例引用到教学中，通过教师的引导、分析，对案例中的会计问题找出解决方案并形成书面报告，最后由教师进行评述和归纳总结。学生通过这样身临其境的体会，深化对理论问题的理解，增强分析与解决实际问题的能力。

讨论式教学法的应用是在教师主导下，通过设置若干与课程相关的问题并引导学生思考，促进学生自觉主动地参与教学过程，加强师生之间和学生之间的对话交流并促进教学的一种互动式教学方法。会计课程的理论与概念比较抽象，通过讨论式教学的交流与讨论，可加深学生对概念与问题的理解，达到对知识的融会贯通。讨论式教学法作为教与学的一种重要方式，是一种教育理念，是新的人才培养模式，也是培养学生创新意识和创新思维的重要手段。

实践式教学法是在教师的带领和指导下，进入有关合作单位进行实地调研学习，或邀请有关合作单位的专业人员到学校进行交流和教学。会计是一门实践性很强的学科，理论教学和实践密不可分。实践式教学法可有效地沟通学校和企业，特别有利于解释中小企业财务会计的特殊性。教学实践证明，实践式教学法在会计教学中非常受欢迎。

创新式教学法是由教师将中小企业会计和财务运行过程中的大量实际问题用互动的方式来解决，让学生知道在实践中存在什么实际问题和应当如何解决这些实际问题。"寻求解决方案"是这种教学的最大亮点。让学生根据所学的专业知识自行去实践、发现、识别、讨论、解决、验证，然后教师再综合汇总，进行对比分析，将创新思路、创新知识、创新方法、创新内容始终放在专业教学的中心位置。

（四）构建科学的人才质量评价体系

现在的会计专业人才都是由各个学校自行教学、考核的。事实上，各个学校在人才培养目标定位、教学体系安排、教学资源配置上都存在着很大的差异。因此，有必要改进人才评价标准，建立统一的人才质量评价体系。人才质量评价体系应包括会计人员的职业道德、知识结构、素质能力三大内容。该评价体系将对会计专业学生的培养模式创新起到积极的导向作用，并有助于用人单位对会计人才的选用和评价，适应中小企业培养专业人才的需要。

（五）创新和改善教学团队体系

教育者自身应当具备相应的素质、经验和能力，教学队伍必须精通或至少熟悉中小企业财务会计的业务活动，否则就是空谈。要解决这一问题，需要加强教师培训和师资队伍建设。

其中，突出的应该是教学团队的组成。要聘请适合教学的中小企业经理、财会人员进教室、进课堂，通过经验进行教学，在教育学生的同时，还能够对教师进行培训，是高校专业教育中一个新的选择和创新。

从育人方面讲，要通过中小企业的案例和样本来进行现场教学和指导，尤其是把会计核算、外部会计事项、财务管理中的难点等作为案例直接引入课堂，让学生面对、体会、讨论和尝试解决，在此基础上再进行有针对性的专业教学和考核。当然，这也是一个系统工程，不仅涉及教师、教材、教学安排，还涉及整个教学体系管理制度的改进和完善。

第五节 会计类本科专业会计电算化课程的
教学目标

随着社会信息化的发展，会计电算化这门专业课的重要性日益提高。虽然这门课在我国会计类专业中已经开设了很长一段时间，但迄今为止，它还没有形成完整的体系，很多问题仍然处于不断探讨之中，因而给会计类专业的会计电算化教学带来了不少困难。要使会计类本科专业会计电算化课程获得良好的教学效果，首要的是明确会计电算化教学目标。

一、当前会计电算化教学目标确定中存在的问题

（一）课程设置目标定位不准确

教学目标一般受教育观、知识观、思维方式、经济环境、经济发展水平等因素的影响，而一门课的设置目标则服从专业培养目标的需要，教学目标决定于课程设置目标。目前不同院校尽管对会计类各专业的教学目标有不同的叙述，但本质并无差异，在此不再赘述。会计电算化教学目标的确立是建立在会计电算化课程在专业课程设置中的地位和作用基础之上的，确立会计电算化教学目标首先要确立课程设置目标。

会计电算化课程设置目标因专业不同而不同，不同的会计类专业培养目标不同，会计电算化课程设置目标也不同。目前大家仍习惯于将它视作一门边缘学科，认为设置这门课程的目的就是既要学会会计知识又要学会计算机知识，教会学生如何逐一模块地去设计、编写程序，基本上都将其作为一门以计算机教学为主、会计教学为辅的专业课程。这样就导致各个会计类专业课程设置目标不同，没有真正确立该课程在专业课程设置中的目标，直接导致会计电算化

教学目标不明确。

（二）课程体系框架尚未成熟，课程设置缺乏正确的参照体系

会计电算化作为会计学专业的一门课程，为我国会计电算化的普及做出了突出的贡献。但由于缺乏权威性研究与规范，各高校在教学内容和教学方法上存在很大差异。各高校在教材的使用和编写方面仍未达成共识，导致缺乏相对稳定的课程框架，使得教师难以准确地掌握课程框架，实现教学目标，从而严重影响教学质量。

从目前的教材内容来看，会计电算化教材大致有以下几种类型：

（1）开发型。偏重信息系统的设计理论与技术。主要介绍会计信息系统的开发方法与主要功能模块的处理模型、数据模型、程序编制及开发工具。

（2）实务型。偏重会计软件功能与操作方法的学习，一般以某种国内比较主流的会计软件为基础，分模块介绍各子系统的功能及系统设置、日常处理、账表输出等会计软件操作方法。

（3）综合型。在介绍主要会计软件基本操作的基础上，介绍会计信息系统的基础及开发技术，分析主要功能模块的处理模型与数据模型及会计软件的实施与管理，在此类型下又可进一步划分为以实务为主的综合型和以开发为主的综合型。

无论哪种类型的教材都存在几个很大的缺陷：

（1）教材框架体系尚需完善

教材良莠不齐，各教材之间的内容差异较大，尚未形成较为成熟的框架体系。在现有的教材中，存在实用主义和纯理论两个极端，没有根据教学目标的要求编制专业适用的教材，从另一个方面也影响了会计电算化教学目标的确立。实用主义忽视了会计电算化的理论基础，降低了对学生的理论要求；而过于理论化又脱离学生的实际接受能力，使学生感到乏味。

（2）教材适用专业不明确

这些类型的教材似乎都是万能的，它们要么表明其适用于不同的会计专

业，要么没有解释其适用范围。一般来说，不同专业的培养目标不同，相同课程在专业课程设置上的目标是不同的，其教学目标也是不同的，因而对教材内容的要求也有所不同。

二、会计类专业会计电算化教学目标探讨

根据会计电算化教学目标的相近程度，可把六个专业分为三类进行会计电算化教学目标的探讨：会计电算化专业，会计学专业和财务管理专业，注册会计师专门化专业和审计学专业。

（一）会计电算化专业的会计电算化教学目标

会计电算化专业的学生不仅要掌握主流财务软件的操作，还要了解会计电算化的操作原理和过程，懂得会计信息系统的分析和设计，更重要的是会开发会计信息系统，能参与会计信息系统开发的全过程。因此，对于会计电算化专业来说，会计电算化是会计专业的核心课程，在计算机知识、会计知识、工程知识、软件学习的基础上，教学的主要目的就是教会学生如何利用当代先进的管理思想和科学的系统开发设计理念进行会计信息系统的开发设计和维护。

（二）会计学专业和财务管理专业的会计电算化教学目标

无论是会计学专业还是财务管理专业，专业培养目标都是培养出具有良好的综合素质及较广泛的专业基础理论知识、具备会计业务基本能力和较强专业技能的高级财会及财务管理专门人才。

在这两个专业中，会计电算化这门课的定位仍然是一门会计专业课，以会计为主要的教学导向，计算机教学处于相对次要的地位。主要教学目的绝不仅仅是教会学生如何设计模块、编写程序，而是要让学生在把握当代先进管理思想的基础上，形成科学的会计信息系统设计理念，对电算化会计业务流程有一个完整的概念；还要熟悉相关的法律法规，能较熟练地操作与比较各个主流的

会计软件。因此，会计电算化教学所涵盖的内容为：系统设计理念+计算机+会计知识+管理思想+会计软件应用。此外，因为会计学专业和财务管理专业本科生大多并不具有扎实的计算机专业基础，所以会计电算化的教学要以系统开发设计原理为主，软件应用次之，程序开发最末。

（三）注册会计师专门化专业和审计学专业的会计电算化教学目标

这两个专业都是培养具有系统的审计理论知识、掌握较全面的审计实践规律、拥有基本的审计实践技能、熟悉有关经济法律法规、掌握宽广的经济管理知识的，审计方面的高级复合型、应用型人才。

与专业培养目标相比，会计电算化课程设置目标和教学目标在这两个专业中极其相近，这两个专业主要就是为开展审计工作和其他相关工作打基础。因此，对这两个专业来说，会计电算化的教学目标就是主要从审计的角度出发，让学生理解会计信息系统开发的基本原理、总体结构和流程，了解中外主流财务软件中各系统的总体结构设计与功能，为以后的工作打下良好的基础。另外，还要顺应信息时代的潮流，及时更新教学内容。

三、会计电算化教学目标的层次性

在确定专业教学目标后还应明确，在同一教学目标下，也可以将其划分为不同的层次。也就是说，会计电算化教学目标具有层次性。一方面，这是社会需求决定的；另一方面，这也是学生个体发展的需要。学生的兴趣爱好不同，对会计和计算机知识的掌握程度不同，志向不同，因此学习会计电算化有不同的目标。

根据社会需求、个体差异和教学目标，可以把会计学专业的学生培养成为几类电算化人才，其中包括系统分析、设计人员，系统维护、管理人员，系统操作、数据录入人员，等等。相应地，也可以根据会计电算化课程的培养目标的差异性，将其划分为初级操作人员、中级维护人员、高级设计人员三个培养层次。其中，初级操作人员阶段培养目标主要应是培养学生对财务及相关软件的实践操作能力；中级维护人员阶段培养目标主要是培养会计电算化系统管理、系统维护人员；而高级设计人员阶段则主要是培养高级的系统分析、设计人员，以满足会计软件的开发和研制等需求。高校应该根据教学目标，相应调整课程体系设置和教学内容。

总之，在会计类专业的会计电算化教学中，最重要的是根据专业培养目标确定课程设置目标，进而确定教学目标。但教学目标的确定并非能解决所有问题，它仅仅对教学内容、教学方法、教学手段和师资队伍的配备等方面起到指导作用。会计类专业会计电算化教学的顺利实施要围绕教学目标来组织教学内容，确定合理的教学方法和手段，并配备相应的师资，这是在明确教学目标后要做的事情，只有这些做好了才能实现教学目标，二者相辅相成，不可偏其一。

第五章 现代信息技术在会计教学中的具体应用

第一节 多媒体辅助在会计教学中的创新应用

有关研究表明，人类获取的信息 83％来自视觉、11％来自听觉，这两个加起来就有 94％。另有有关知识保持的实验研究资料表明，人类能保留自己听到的内容的 20％、看到的内容的 30％，既看得到又听得到的内容的 50％。在多媒体教学中，多媒体通过形成全新的图文并茂、声像结合、数形结合的，形象、直观、生动、智能的教学环境，带给学生视、听等多重感官刺激。由此可见，多媒体教学更易使学生获取知识，且知识保持时间久。

一、多媒体辅助教学的含义

多媒体计算机辅助教学是指利用多媒体计算机和网络，融电脑、电视、录像、投影等功能于一体，综合处理和控制文字、声音、图形、图像、动画和视频等多种形式的媒体信息，并按照教学活动的需要在诸多媒体元素之间建立起有机的逻辑关联，为教学提供高效、交互、实时的授课环境和良好的服务体系。多媒体计算机辅助教学推动知识的学习向"按需获取"、素质教育模式发展。

二、多媒体辅助教学的优点

（一）模拟实际情境，提高教学质量

在教学过程中，教师可运用互动课件，模拟与实际工作相似的情境，让学生身临其境，主动参与。例如，在"基础会计"教学中，有一章节为"银行结算方式"。在以往的传统教学中，单凭教师的口头讲授和文字说明很难讲述清楚，学生的印象也不深刻。通过多媒体的教学方式，可以把每一种具体的银行结算方式按其业务发生的先后顺序，用图形、图像、文字、动画、声音等多种方式，生动形象地演示出来，使学生对各种结算方式有一个清晰、难忘的印象，使其在轻松愉快的情境中掌握知识技能。

（二）突破教学难点，省时省力

会计教材中的某些内容和知识点比较抽象和复杂，学生对此感到茫然，教师也难以用语言完全讲清楚，传统的教学手段很难突破这些难点。而运用多媒体辅助教学技术，可以将多种素材整合优化成一个系统，变抽象为具体，变无声为有声，调动学生的各种感官共同作用，从而达到突破教学难点、省时省力的效果。例如，"生产成本的核算"这一节的方法复杂、公式多，传统教学方式是教师在黑板上写、学生在下面看，既复杂又枯燥难懂。通过搜集多种生产工艺、原始资料及数据流程制作多媒体课件，可使学生初步了解什么样的生产类型采用什么样的生产方法，在此基础上总结一般产品成本计算规律。

（三）节省时间，增大课堂容量

会计教学中涉及大量的账、证、表和流程图等，业务题又多。使用多媒体技术教学，教师可以在课前制作好课件，把节省的时间留给学生，让学生充分发挥主体作用，自主学习；可为教师课堂讲解赢得更多时间，让教师讲得更详细、具体。例如，讲到"错账更正方法"时，如果单凭教师的讲解，信息十分

繁杂，学生很难理解和掌握。但是如果用多媒体课件来教学，教师可以把重要的概念、结论、业务题等编入多媒体课件中，在课堂教学中随时调用相关知识，这样不仅能够大大减少板书的数量，节省时间，而且教学过程的安排也会更加紧凑。

三、我国会计多媒体辅助教学的现状

多媒体辅助教学大体可分为两种模式：一种是人机结合的互补方式，另一种就是多媒体教学网络。

目前，我国会计多媒体辅助教学的应用不理想，主要表现在：

（一）多媒体教学注重追求形式，忽视教学内容

课堂教学中利用多媒体辅助教学，改革传统的教学模式，是为了创设良好的课堂气氛，优化教学过程，提高课堂教学效率，因此教师不能把太多的注意力放在多媒体课件的制作形式上，要在课件的内容上下功夫。现在，很多教师为了追求多媒体课件的丰富，花费大量的时间制作优美的音乐并配以惟妙惟肖的动画、幻变的屏幕加上跳跃的字符等，让人眼花缭乱、目不暇接。学生会把眼球集中在动画而不是文字上，反而分散了注意力，影响了对主要问题的理解。

（二）课堂"以教师为中心"演变成"以多媒体为中心"

多媒体具有新颖、生动、直观的特点，能吸引学生的注意力，调动学生的情感，激发学生主动参与教学活动的热情，达到提高教学效率的目的。也要注意，在充分运用现代教学媒体的同时，不能忽视教师的主导地位。教师在使用多媒体辅助教学时，有时怕操作失误，或是为了方便就将课件设计成顺序式结构，或将大量的教材上的理论文字搬上屏幕。这实质上是"以教师为中心"的教学思想演变成了"以多媒体为中心"的教学思想，这样达不到"教学互动"的上课效果。

（三）没有充分体现学生能力的培养

多媒体教学资源着重于学生知识的掌握、知识的再组织，并不是学生解决问题的能力。会计是一门实践性很强的课程，案例教学是不可缺少的实践环节。网上只有课程的讲稿和试题库，没有给学生设置模拟真实的案例的学习情境，缺少一些让学生去解决的现实问题，无法让学生进行小组协作、角色扮演、讨论和问题解决的学习。在发展和完善多媒体技术的同时，教师仍要发挥技术使用与教学目标之间的关系调控的作用。

（四）学生网上自主学习技能不足，教师课堂教学过分依赖投影

自主学习是多媒体教育的一大特色，学生通过自主学习，可实现学习活动的时空分离。目前，多媒体课程在自主性学习方面只是体现学生自主学习这一点，并没有为他们提供有利于进行自主学习的导学活动，学生不知如何利用多媒体资源来学习会计课程。教师才是课堂教学的主体，其丰富的学识、抑扬顿挫的语言艺术表现、对多媒体课件和板书等教学手段的应用技巧甚至其个人的人格魅力等都必不可少。多媒体投影作为教学辅助手段之一，无论在形式上还是在功能上都有其自身的局限性。如果能在播放投影的同时，适当穿插必要的板书内容（尤其是重点和难点内容），不仅有利于教师临场发挥，也有利于学生的思路与教师同步，增加其临场感，使其易于抓住重点和难点。

四、多媒体辅助技术对会计教学的创新措施

会计是一门系统性和实践性较强的课程。在会计课程教学过程中，教师应该借助多媒体技术对教学产生的积极效应，突破教学中"教"与"学"的时空局限，从而营造一个互动、个性化的智能学习环境，激发学生丰富的想象力和思维创新能力，培养学生的综合素质。

（一）会计教师必须掌握和利用现代教育技术，让网络化教学走进学生的生活

会计教师除了要具备雄厚的学科专业知识和现代教学理论外，还必须掌握现代教育技术，熟练使用各种现代教学媒体。多媒体进入课堂，为学生提供了更为广阔的自主活动空间和时间。学生可以按照自己的兴趣学习，主动地探索未知空间，丰富自己的知识，体会学习与生活的直接联系，对教师的依赖性相对减少。研究和开发会计多媒体辅助教学课件，一方面要熟悉会计知识和会计教学的特点，另一方面要熟练掌握计算机知识和多媒体辅助教学课件的开发技巧。

（二）协调好教师课堂教学与多媒体教学的关系

教学中要适当控制多媒体技术的使用频率和节奏，要给学生预留足够的发散性思维的空间和创造性思维的时间，要给学生提供动脑创新和动手创造的机会。同时，在使用多媒体技术的教学策划中还要注意给教师留有充分发挥个人风格的余地。要从教学对象和教学内容出发，适时、适处、适量、适度地使用多媒体技术，科学地把握使用时机、范围、节奏、力度，有机地将其整合于教学内容和教学过程之中。在课堂上，教师丰富的肢体语言对学生的学习有着潜移默化的影响。另外，教师还可以组织各种各样的教学活动，活跃课堂气氛，为学生创造出良好的学习氛围。

（三）建立会计课程自测体系，促进会计专业学生自主学习

使用多媒体进行会计教学，应该建立自测系统。自测系统可以包括两个层次：一是在每一单元学习后对本章知识掌握程度的测试，称为单元自测；二是对会计全部知识的一种随机测试，称为综合自测。这个系统可以在会计课程网站上添加相应的自测题，让学生在课余时间对自己的学习掌握情况进行自检，在期末复习时可以进行综合的模拟测试，让学生感受考试的氛围和题型，有利于期末的整体内容复习和知识的融会贯通。自测系统能够培养学生的自主学习

习惯。

（四）依据会计学科特点，创新多媒体教学应用形式

多媒体教学只是一种教学手段，而不是目的，其关键在于根据具体学科内容做到恰当地应用。多媒体教学应用不能生搬硬套某种模式，目前也没有一种普遍适用的标准模式。这就必须依据会计学科特点，实现具体课程内容与多媒体技术的整合，挖掘会计学科的多媒体教学特点，探究该学科的多媒体教学方法，创新该学科的多媒体教学形式。目前大部分课堂多媒体教学中，基本都是一种模式：演示、讲解。多媒体教学形式应该是丰富多彩的，更多的是要注重操作和互动，依据具体学科的具体问题来具体对待，而不是以一个思想和方法覆盖所有的多媒体教学。

（五）教学中要采用交互式仿真软件，利用 UCD 函数等丰富背景音乐

会计课程教学中要采用交互式仿真软件时，应该事先做好或选好相应的软件，存放在电脑中。上课时就可以执行该软件，并加以操作及讲解。可以选择适当的有关 VCD 多媒体教学资料，存放在电脑上。讲课时按需播放，并讲解其中的关键点，提高学习效率。

UCD（User Code Document）是扩展函数的简称，用来解决 Authorware（多媒体制作软件）本身无法解决的问题。在编制多媒体辅助教学课件的过程中，有些问题不能用 Authorware 的图标和系统函数来解决，这时就要用到 UCD 函数。

（六）重视提高学生的实践能力，培养多角度的抽象思维能力

在多媒体教学中，教师应通过更多的课堂讨论和课后思考题，来锻炼学生的抽象和逻辑思维能力。在多媒体教学中，学校还应给学生创造更多的实践训练的机会，通过会计实践可以验证假设、检验理论，完善与发展理论体系，发

现规律；可以在教学之余，给学生创造更多走进企事业单位的机会，使其切身体验真实会计主体的会计核算流程，为日后走向工作岗位做好铺垫。

会计多媒体教学课件的制作一定要充分考虑会计学科理论与实践相结合的特点，教学中以学生为中心、教师与学生合理互动，才能收到更好的教学效果。

（七）开发会计课程的远程教学模式，提高学生分析和解决问题的能力

远程教学模式是指在计算机网络上进行的教学活动，它包括同一学校不同教室之间的教学、不同学校之间的教学、不同城市之间的教学、不同国家之间的教学等。学校在会计精品课程网站上展示课程，把会计课程的教材、教学大纲、教学方式等各种教育信息传递给学生；教师在网上传授知识、布置作业和批改作业；学生在网上学习会计课程、阅读优秀的会计教材，这样可以提高学生分析和解决问题的能力。

总之，运用多媒体是为了辅助教学，其出发点和落脚点都是为了提高教学效果。教学中不能为了多媒体而去使用多媒体，应针对教学内容有选择性地采取与之相应的教学方法、方式。这样，才能发挥各种教学媒体的综合功能，取得最佳效果。多媒体教学也应该打破简单的演示型方式，将课件演示、板书、绘图、提问、课堂讨论等多种形式的教学策略贯穿于课堂中，设计一些让学生讨论和解决的问题，留给学生必要的思维空间，培养学生学习的自主性，使他们能够不断提升思维能力。

第二节 会计电算化教学实践应用研究

　　会计电算化作为一门实践性强的学科，其教学的目的不仅在于传授知识，更重要的是培养学生的实际动手操作能力。目前，我国的会计电算化专业已经取得了巨大的发展，是目前会计工作的主要形式。它大大地提高了工作的效率，使计算机技术逐步代替人工记账的方法。但是，大多数人对该专业没有具体的认识，而且在实际的教学过程中，教材的设置也不能适应时代的需求。在学习中，学生的实际操作机会也比较欠缺。因此，会计电算化教学还存在诸多问题需要解决。

　　随着现代信息技术的不断发展，全球经济一体化的进一步加强，会计电算化越来越受到人们重视，成为企业管理的重要组成部分。与此同时，我国的人才供给相对过剩，企业对于人才的要求也越来越高，尤其是更多的企业更加重视学生实践能力的水平。为了在会计电算化教学中提高学生的就业竞争力，缩短学生以后走上工作岗位的适应期，重视会计电算化实验教学就显得尤为重要。

一、会计电算化及其特点

　　会计电算化是指将会计信息作为管理信息资源，全面运用以计算机、网络和通信为主的信息技术对其进行获取、加工、传输、存储、应用等处理，为企业经营管理、控制决策和社会经济运行、管理提供充足而适时的信息的过程。会计电算化是会计顺应时代的发展、对传统会计进行变革的必然结果，是适应信息化社会和管理理论的发展而建立起来的为决策者提供可靠、实用的决策信息并能实时主动地报告财务信息的过程。

　　会计电算化主要具有以下特点：

一是从范围上看，会计电算化不仅涉及财务会计部门，而且还涉及其他业务管理部门，如物流、电商、采购等；

二是从功能上看，会计电算化不仅进行会计核算，还进行会计监督、会计预测与决策，并根据信息管理的原理和信息技术来重整会计流程；

三是从技术手段上看，会计电算化不仅采用计算机技术，还要以通信和网络技术等现代技术为主，进行现代会计信息系统的构建。

基于这些特点，传统的教学内容和教学方法必须进行适时改革，才能实现新形势下的教学目标。

二、会计电算化实验教学现状

（一）师资力量匮乏

会计电算化作为一门新兴学科，融合了会计学、计算机科学，以及信息和管理学的多方面内容，其对于教师的要求是非常高的，不仅要求电算化教师具备丰富的专业理论，还要求教师具备熟练的实践操作技能。但是，这样既具备专业的理论知识又具备丰富的实践能力的专职会计教师目前是较为紧缺的，势必会影响会计电算化实验教学的效果。

（二）高质量的教材较少

会计电算化教学离不开科学的教科书，它是实验教学的重要载体，是学生学习的依据。要想使会计电算化教学取得满意的效果，高质量的教材是保障。而当前会计电算化教学的实验教材虽然比较多，但大都内容比较单一，一些资料多局限于账务，这就限制了电算化教学预测、管理、分析和决策，难以取得良好的教学效果。

（三）教学方式和内容较为落后

会计电算化实验教学的方式，主要采用会计软件的账务、报表处理等功能，而很少使用网络财务软件进行业务处理，不能全面模拟会计工作的流程、环境，实验仿真性不够强。另外，实验内容主要涉及会计核算系统的账务处理系统、工资管理系统等，这与实践教学的要求存在一定的距离。

三、会计电算化教学目标的变化

会计环境是不断变化的。当会计电算化所依赖的客观环境发生变化时，学生们能"适者生存"吗？学生在大学期间不可能一劳永逸地获取知识，而只有将知识转化为能力，才可能终身受用。人既要有"知识"，又要有"能力"，更要有使知识和能力得以充分发挥的"素质"，这三者应有机结合在一起。借鉴"用户-目标"模式和院校提倡的"知识-能力"模式，可以设计出包括两个能力层次的培养目标：

一是"学习+运用"。运用所学会计及信息技术方面的知识来处理常规的会计电算化遇到的问题；用会计电算化所学技能解决企业账务处理、会计信息运用等需要。由表及里、由浅及深，并将理论知识和实践运用融会贯通。能为企业实施会计电算化系统提供咨询和服务的参谋型人才；能独立规划、设计和领导实施会计电算化系统的信息化管理型人才。

二是"运用+创新"。在变化的新情况中创造性地解决会计电算化过程中出现的新问题。随着会计电算化的深入，运用相关学科的新成就，发展会计电算化这一分支学科理论的能力。具体地说是培养一种掌握经济管理、法律、会计、财务管理等相关专业知识，能应用计算机解决财务、会计和审计方面问题的应用型人才。

四、会计电算化教学内容的重组

现行的会计教学内容体系基本采用了"双轨运行"的模式。一条线是会计专业课程，如基础会计、财务会计、成本会计、管理会计、财务管理等；另一条线是计算机应用的相关课程，如计算机基础、程序设计语言、会计信息系统、会计软件应用等课程。在"双轨运行"的模式下，学生无法把二者有机地结合起来，教学效果不突出，培养出来的学生难以适应会计电算化的要求。为了充分发挥会计电算化的特点，可以从以下四个方面来设计信息化条件下的教学内容：

（一）会计基本理论教学

主要通过基础会计、财务会计、管理会计、成本会计、财务管理、审计和经济税收法规方面的课程教学，使学生对整个会计系统的运行环境、运行过程及运行的基本原理做一个整体的把握，为会计信息的综合运用打下扎实的专业理论基础。

（二）会计信息化理论教学

主要通过计算机基础、计算机应用基础、数据库管理系统、计算机网络基础、软件技术基础和应用分析、软件基础等课程的教学，使学生对计算机硬件、软件、网络和计算机系统分析、设计方面的基础知识做一定的了解，同时能够运用办公软件、工具软件等进行日常的分析、维护处理。

（三）会计电算化实务教学

通过开设"会计软件的操作与使用"课程，学生对计算机处理会计业务有感性认识，并自然地与所学的会计知识进行比较，了解其处理流程的差异；通过设置"Access 数据库"和"Excel 在会计中的应用"课程来解决财务分析、预测管理问题，借助 Excel 建立分析、预测模型来解决日常会计、财务管理中的若干问题，为领导决策提供数据支持。同时，以综合的财务会计和财务管理案例为基础，以财务及企业管理软件的应用原理和应用过程为主线，逐步培养学生财务业务一体化解决方案的集成处理思想和数据共享能力。

（四）会计电算化实验教学

会计电算化教学尤其应重视实践能力的培养和训练。会计电算化实验包括教学实验、专项实训和毕业实习三部分内容。教学实验应围绕会计基本理论和会计电算化理论课的教学内容来组织，注重能力训练、强化基础知识的掌握；实训教学内容是注重事中的监督和控制，可以考虑引入"企业经营决策ERP沙盘模拟对抗训练"的体验式学习方式，将复杂抽象的财务及经营管理理论以最直观的方式让学生体验、学习，在各种决策的成功和失败的体验中学习管理知识，提高综合能力；毕业实习则应在把握和分析会计电算化实际工作需要的基础上，进行有针对性的、集中的和专门化的强化训练，或者通过大赛形式，对那些在教学环节被忽略或应该给予重视而没有重视的部分，进行强化训练。特别要注意查漏补缺，把毕业实习既作为岗前培训的重要环节，又作为教学过程的总结和延续。

五、提高会计电算化实验教学的措施与方法

（一）强化师资队伍建设

会计电算化教学的教师不仅要具备扎实的理论知识，还要具有丰富的表达能力和实践创新能力。建立一支高素质的师资队伍、激发教师工作的积极性是会计电算化教学的基础和保障。为此，要积极为在岗教师提供实践教学培训的机会，引导和鼓励教师积极参与实验教学。定期到企业公司进行专业培训，不断更新自身的知识结构，为实验教学奠定良好基础。在实验教学过程中，教师要认真备课，并自己上机实践，总结和归纳相关的问题，为学生实践学习做

好充分准备。

同时，可以聘请校外有经验的高级会计师作为会计电算化教学的校外指导教师，也可以鼓励高校教师到企业兼职。会计电算化教学的最终目的是提高学生的实际操作能力，让学生以后走进企业能够迅速融入会计工作中。校外的指导教师可以凭借丰富的会计经验指导学生学习，避免学生在以后的工作中出现问题。高校教师走出校门到企业兼职，可以实现理论与实践的有机结合，使教师所教的知识得到充分的提升，为更好地教学奠定基础。

（二）提高教材质量

为了保证会计电算化教学的质量，高校应该坚持自编为主、购买为辅的原则，编写实验教学指导书。其实电算化实验教学之前，学生们都进行过手工模拟。为了体现学习的连贯性，使学生感受到手工会计到电算化会计的转变，教师可以结合具体内容来补充电算化教学的项目，构建一套自主学习为主的会计电算化实验教材。学生通过电算化的模拟实验，用先进的财务软件来操作手工实验的内容，可以有效加深对于会计核算流程的掌握，了解会计电算化教学的意义，提高对于会计电算化学习的积极性。

（三）创新实验教学的方式和内容

为了提高会计电算化教学的实践性，教师可以采取混岗运作的方式进行教学，也就是让每一个学生充当不同的角色来完成相关的操作内容，如账套主管、出纳、审核员、会计主管等。这种教学方式可以让学生在整个教学过程中，学到更加专业的知识，但却不能模拟企业的实际运行，使学生无法感受到实际操作中会计岗位分工与内部的牵连性。为了进一步增强学生会计实际操作的仿真性，教师可以把学生分成若干个实验小组，以小组的形式来模拟企业的分工，在此过程中，学生可以熟悉会计岗位的基本职责，掌握会计处理过程，了解财务部门与企业内部的关系，增强学生对于会计电算化教学的认识。

（四）会计电算化教学过程的改进

教学手段信息化。在会计电算化教学中，计算机是一种主要的教学手段，教师可以将教学内容制作成幻灯片进行计算机辅助教学或利用多媒体与网络等信息技术进行多媒体网络教学，或直接进行教学软件演示，直观、形象地展示教学内容，使所讲授的知识变得声像并茂、直观易懂、生动丰富，并通过学生自主操作练习，提高学习兴趣，增强学生学习的积极性与主动性，让学生学会从众多的信息中提炼出自己所需要的信息，最终得以提高教学效果与教学质量。

教学方法多样化。会计电算化教学除了进行会计电算化环境下会计理论知识的讲解外，还应该加强会计核算的具体操作技能教学和计算机在管理中的应用教学。因此在教学过程中应理论联系实践，避免纸上谈兵。理论知识的讲授可以采用案例教学法、在线教学法、虚拟现实教学法、远程教学法和游戏教学法等，激发学生对知识的渴望和索取之情。同时，应大胆地走出去和引进来，追求课堂教学与社会实践的紧密结合，引入企业实际的会计电算化和管理的实务案例，努力挖掘学生的能力极限，形成互动、活跃的课堂教学氛围。

有条件的学校可以配置会计仿真模拟实验室，把理论灵活运用到实务中去。针对实验教学环节，可以采用验证式实验、模仿式实验、探索式实验和开放式实验等方法，使学生能在观察现象、提出问题、分析问题和解决问题的过程中得到能力上的培养与锻炼。由于信息化教学具有其独特的特点，对预测、决策、控制问题可以通过财务软件或 Excel 等工具来解决，相应的课程需要增加学生上机实验课时，提高学生的动手能力。

会计学科的技术性特征要求必须更加重视实际操作能力和实践运用能力的考核。这种考核可以从学生的实验态度、动手能力及实验心得体会方面来进行。至于实际操作与运用方面的考核在总成绩中的比例为多少很难界定，根据笔者经验，50％比较适宜。或者把理论成绩和实验成绩进行分离，理论成绩考核采用百分制，实验成绩采用优、良、中、合格和不合格来进行评定。

计算机技术和网络通信技术的迅猛发展，推进了会计电算化改革，同时对现行的会计理论和实务、会计学科体系及思想观念产生了巨大影响。高校一定要从教学观念、教学手段、教学方法和考评方式等方面进行全面的改革，才能培养出大批高素质的复合型会计专业人才。同时，会计电算化教学模式不是一成不变的，必须随着会计电算化环境的变化而不断更新，只有这样，才能适时培养社会需要的财务会计人才。

第三节 会计信息化实验教学

一、信息化背景下的会计实验教学情况

目前，信息技术的高速发展已经影响到社会经济的各个方面，为适应现代社会经济和电子及信息科学高速发展的需要，为满足社会经济对会计信息化人才高速增长的需求，各大专院校相继成立了会计电算化专业和信息系统与信息管理专业，培养了一大批信息专业人才。然而，我国学术界、教育界对其专业名称、培养目标、课程体系和教学内容一直存在着较大的争议；在教学计划、大纲的制订和教学执行过程中，在教学目标、教学方式和教学效果评价等方面亦存在各种差异，从而形成不同的教学模式，培养出的人才也有所差异。笔者综合多年从事会计信息化教学和科研的实践，就如何加强教学引导，尤其是提高实验教学效果，以更好地培养合格的人才等问题做出研究。

（一）会计信息化实验教学的目标定位

会计信息化人才缺乏，是制约我国会计信息化事业进一步发展的关键环节。会计信息化人才可分为四个层次，包括操作人员、系统维护人员、程序设计人员和系统设计人员。笔者认为，高校的教学目标应是培养学生掌握软件开

发和维护的技能，而不能仅仅满足于手工记账、算账和报账等核算任务。在发达国家，计算机数据处理非常普及，会计信息系统中几乎找不出手工的痕迹。这就要求我们培养的人才既懂会计知识，又懂管理，还要有一定的计算机方面的知识，而不是单一地培养操作人员，也不能照搬 20 世纪 80 年代的教学模式，让学生花大量的精力去编制程序。而通过软件开发技能的培养，则可以让学生知道软件是怎样一步步生成的，软件开发人员的思想过程是怎样的。

这些人才是加速信息产业化所必不可少的因素，且具有巨大的市场，因此，会计专业、信息管理专业应以培养这样的人才为主。

（二）目前实验教学中存在的问题

尽管上述目标的选择是正确的，学生的愿望是迫切的，但目前教学过程中却存在各种各样不利于人才培养的因素：

1.实验室教师队伍的影响

无论是人员的构成、职称的评定、工作的性质、员工的素质，还是实验人员的再培训，都对实验教学有较大的影响。由于实验人员来源成分复杂，加之实验科目种类繁多，久而久之，实验人员安于现状，不思进取，反而加重了管理层对实验岗位的不重视。如此的实验师资队伍，严重地影响了复合型人才的培养。

2.会计信息化教学设置不合理

由于未予以足够的重视，目前大多数院校的会计学教育将会计信息化教学设置为一门计算机文化、一门数据库语言（或与计算机文化合并）、一门会计信息化系统教程的"2+1"（或"1+1"）课程教学模式。这样的设置是有其历史背景的，是与 20 世纪的师资、设备和当时会计信息化的发展情况相关的。目前仍按这样的体系设置则显落伍，而实验时按照新的体系讲解，却与学校的管理制度不合。因此，诸如管理信息系统、计算机网络技术、软件工程学、商品化软件及应用、电子商务等课程，均应让学生有所接触。

3.专业课的迟滞

目前，大学生应通过的全国性的统一考试有大学英语四、六级考试和计算机等级考试等，这些便成为各所大学教学考核的重点内容，在大学一、二年级便分别开设相应的课程。但会计信息化系统教程却被作为专业课在大学四年级开设，导致在大学三年级时计算机学科的空缺和在大学四年级时学生的遗忘，使得先修课程起不到应有的作用，给会计信息化教学带来负面影响。

4.学生对会计信息化系统认识的差异所带来的影响

会计学的学生与理工类的学生不同，他们在通过大学一、二年级的数学和英语考试之后，接下来的专业课的设计与作业、练习的任务不大，实践操作机会较少，逐渐形成了考前突击学习以期通过考试的学习模式，从而对会计信息化等课程未给予足够的重视，很少积极提出问题、阅读资料并加以研究，更别提实践动手能力了，这就容易形成会计信息化课程的被动式、填鸭式教学，其结果是学生兴趣不大，教师也只能按照教学大纲的规定照本宣科。

5.教学实验环节的脱节

目前，各高校合班上课较为普遍，但上机实验却因实验条件的限制而让学生分组进行，导致课堂教学和上机实验的双轨运行，实验环节中出现的问题得不到及时、有效的解决，加之实验指导人员缺乏相应的专业知识，对实验内容不十分了解，大部分实验室教师以机房维护为己任，难以有效地在实验内容上加以指导。

6.教学监督、检查的弱势

由于实验教学不像课堂教学那样可以检查，因此，实验教学的监督、检查主要检查指导教师是否到岗、机房是否有实验人员进行维护等内容；至于学生完成实验任务质量的好坏、实验指导人员的尽心程度等，一般不在考核之列。

7.教材

目前，高校里供学生学习的各类参考书较多，但质量好的实验指导书却较少。一方面，一些专任教师认为体现不了其学术水平而不屑于撰写此类书籍；

另一方面，计算机的快速更新也加大了此类书籍出版、发行的难度。

（三）教学环节的优化

1.学生具有浓厚的学习兴趣是此类人才培养的首要条件

所谓"师傅领进门，修行在个人"，高校的教师不可能同中学教师一样在学习上不断监督和指导学生学习；高校的大学生也有精力、有智力来独立做一些事情；此时，学生的兴趣就成了第一条件。可通过课程设计、毕业设计等环节，组织学生开发模拟试题库、账务管理系统、销售决策支持系统等教学软件，完善教学实验系统。在面向企业的业务成果中，可以嵌入辅助教学功能而使其成为教学实验系统；根据企业的管理要求，也可将教学实验系统改造成适合企业的信息系统。

2.必备的硬件设施

这是由计算机学科的属性所决定的。计算机学科是操作性、实践性极强的学科；通过上机实验和课堂教学的结合所产生的效果是单一黑板教学的效果所无法比拟的。学生通过计算机的实践练习，"所见即所得"，便可获取一定的感性认识；同时又可以对以前所学过的理论进一步深化。建立专用的多媒体及大屏幕教室，以便演示案例，进行互动式系统分析和设计，介绍新的流行软件，进行电子商务、ERP 等方面的研究，分析财务、金融证券、管理科学等专业的软件，讲授 Internet 和电子商务等课程，带领学生进行 Internet、电子商务和网站建设等方面的实际操作。这些内容，单纯靠课堂教学是无法实现的。

3.精心准备的设计任务

学生刚接触这类课程时会有无所适从的感觉，一旦入门则可激发学习兴趣。因此，明确的任务乃是引导学生入门的法宝。另外，学生惯于记忆，认为学习便是记忆，殊不知记忆如同储蓄罐，只有储蓄过程的素材堆积，没有综合分析并加以利用，不是培养创新型人才和复合型人才的初衷。在教师的指导下，企业可大量地吸收学生参与企业的策划、管理、营销工作，参与企业的系统分析、系统设计、系统评价和一些软件开发工作。

4.教师的认真钻研和悉心辅导

会计信息化是一门新兴学科，又是发展迅猛的学科，需要教师投入大量的时间和精力来钻研和适应它。

同时，教师也要做好学生学习的引路人。大量的教学实践证明，无论是课堂教学还是实验、实习环节，均离不开教师的悉心指导。有时，一个简单的指令错误会把学生难为得半天做不成其他事情。教师的适时指导能够使学生避免走许多弯路，起到纠正偏差的作用。

同时，教师的总结给学生以新知，往往会起到事半功倍的效果。

5.良好的上机习惯

细节决定成败，尤其在实验环节，一点儿小错误，完全可以使得实验进行不下去，因此，养成良好的上机习惯是必需的。实验前的资料准备，实验过程中的认真程度、熟练程度，实验报告的撰写与总结等都是必需的。学生可以准备一个记事本，将实验过程中的疑难问题、意外事件等发生的情况、产生的原因、解决的方法等记录下来，久而久之，收获肯定不小。

二、会计信息化实验教学改革

会计信息化实验教学提供了现代化的技术手段，利用现代信息技术推动高校会计实验教学进程，是高等教育在新的历史条件下变革发展的客观需要。会计信息化实验教学包括多媒体会计实验、远程会计实验和个性化会计实验等模式，需要进行包括硬件和软件在内的全方位资源建设和严格的组织管理。

（一）会计信息化实验教学意义及其主要模式

1.会计信息化实验教学的意义

会计信息化是在会计教学过程中广泛应用的以多媒体和网络通信为基础的现代化信息技术，其表现为会计教材多媒体化、会计教学资源全球化、会计教学个性化、学习自主化、活动合作化、管理自动化、环境虚拟化，在此基础上要求会计知识传授过程能较全面地运用以计算机、多媒体和网络通信为基础的现代信息技术，促进会计教育方式、方法的教育改革。会计教育信息化将改变以往"粉笔+课本"的教育历史，给现代会计教育者带来不少便利，促进教学改革进一步发展。会计信息化将不仅仅是信息技术运用于会计上的变革，它更代表的是一种与现代信息技术环境相适应的新的会计思想。会计实验教学是现代会计教育的重要组成部分。会计实验教学需要现代化的综合手段。会计信息化的迅速发展给高校会计实验教学注入了新的生机与活力，推动了教育教学手段的进步。以会计信息化带动会计教育的现代化，利用现代信息技术改造高等教育传统教学手段，推动高校会计实验教学进程，是高等教育在新的历史条件下变革发展的客观需要。认真剖析高校会计实验手段，以信息化实验基本设施建设为基础，统筹规划、多层互动、加大投入、创新制度、分步实施等措施，将有效地促进我国高校会计实验室实验手段的信息化建设，为满足用人单位对复合型人才（既懂计算机又懂会计专业）的需求起到关键作用。

2.会计信息化实验教学的主要模式

会计信息化实验教学包括多媒体会计实验、远程会计实验和个性化会计实验等模式。多媒体会计实验是指基于计算机技术、多媒体技术和网络技术，应用多媒体手段，通过计算机网络全程展示主要环节的实验模式。远程会计实验是指通过计算机网络，学生只要拥有一台计算机和一个上网端口，就可以随时随地完成会计实验教学，实现会计远距离开放的实验模式。个性化会计实验是指所有的会计资源和会计实验手段都通过多种模式和手段展示在特定的网站上，学生可以任意组成团队，利用共享的实验资源，共同协作完成某项具体会计实验的实验模式。传统的会计实验教学，由教师指定相应的实验内容，并根据学生的完成情况进行验收；而利用实验个性化视频点播，能更好地根据学生的爱好和个性完成会计实验，进一步激发学生的学习热情。

（二）会计信息化实验教学的资源建设

1.网络环境建设

网络环境是会计教育信息化建设的基础工作，高校应建立一个结构合理、功能齐全、稳定可靠、内外沟通的校园网络基础环境，同时要充分重视网络和数据安全的建设。在网络建设过程中，可分步到位，先建教室（课堂）网，再建校园网，并且在校园网的服务器上建立多种信息库，最终实现校园 Intranet 与 Internet 的全联通。

2.会计信息化实验室硬件设备

会计信息化实验室应设置为一个小型的局域网环境，可以将教师机、学生机和交换机连接起来，设置为 TCP/IP 协议，用100 M以上的交换机交换到桌面，调通网络，确保音频文件的良好传输。实验室选用的电脑最低应保证流畅运行多媒体课件、常用财务软件及办公软件，如 Word、PowerPoint 等。教师机的配置可比学生机高一些，最好选购支持网络唤醒功能的电脑。会计信息化实验室还包括全部电算化教学、计算机辅助教学和演示的设备，它将录像机、影碟机、多媒体视频实物展台、多媒体投影仪等先进的视听设备与其他可遥控设备（如电动屏幕、电动窗帘、可控灯光等）有机连接，构成现代化的视听教学环境。系统由教师根据执教内容集中控制，能实现对各种设备常用功能的切换操作，使教学的内容更加生动化、形象化和具体化。学生对于声像并茂的教学方式也更易于领会和接受。

3.会计信息化实验室的软件配置

（1）会计实验教学基础软件。会计信息化实验室的软件系统应具有网络和单用户处理功能，具体包括：Windows 操作系统、各类语言（3DMax，Authorware，AutoCAD 等）、企业级财务管理软件（用友、金蝶教学版单用户和网络版）、多媒体电子教室系统、电子商务系统、计算机辅助审计系统、"多媒体会计模拟实验室"系统、会计电算化培训考试软件，以及满足远程教育的相关软件等。

（2）专用会计教学课件。会计教学课件的一个重要功能就是演示性教学，常见的课件制作工具有 PowerPoint、Authorware、Director 等软件。会计专业教师由于计算机操作水平和时间限制，普遍采用 PowerPoint 等简单的软件，其特点是单纯展示文字、表格、图片等素材，比较适合于基础会计、财务会计等课件的开发。在学校信息中心教职工的协助下，可以采用较高级的课件制作工具，如 Authorware 是一个基于流程图的多媒体创造工具，可以实现灵活多变的函数编排和系统导航，而号称"大导演"的 Director 是二维动画制作软件，可以实现会计模拟教学的场景。利用这些高级的课件制作工具可以开发出适合管理会计、财务管理等课程的课件，如在讲述"货币时间价值"的时候，虽然利用传统的 Excel 函数工具也可以实现复利终值、现值及年金的终值和现值的计算，但是在 PowerPoint 课件中不便于演示，而利用 Authorware 则可以方便地实现各种函数的制作与演示的有机结合。

（3）网上财务实验室。近年来，随着网络技术的迅猛发展，搭建教师和学生网络互动式实验教学平台的呼声越来越高。互动式实验教学平台能够支持教师应用各种电子化的教学手段进行实验活动，将各种形式的实验资源以直观的效果呈现给学生，并使示范、模拟、提问、交流、考试等更为流畅和方便。

（三）会计信息化实验教学的组织管理

1.会计信息化实验室的日常管理

会计信息化实验室应配备若干专业管理人员，负责实验室的日常管理和系统维护，其中至少有一名为系统管理员（计算机专业，从事系统维护和管理），其余为会计专业人员。会计信息化实验室应当建立健全实验室建设、管理和日常使用维护制度，保障实验室的正常运转和效益的发挥。专业管理人员应当系统掌握多媒体数字压缩技术、超文本网络链接技术、局域网交互技术、电子课堂教学技术及各种信息搜索、加工技术，建立一个完整的服务应用系统，主要包括以下几个方面的内容：

（1）资源库：包括网络会计课件（积件、智能学件）库、网上会计案例库、多媒体教学光盘、上市公司数据库、案例库及试题库；

（2）支持平台：提供教师上传、下载素材，上传课件的界面，同时提供学生下载界面；

（3）应用系统：提供学生与教师用于会计教学的交互式界面，包括保证安全的身份验证、课件的点播、各种实时的交互方式等。

网上会计信息资料要及时补充与更新，使教师和学生能够方便地查询和下载到最新的学习资料。

2.会计信息化实验教学人才队伍建设

为了适应会计信息化实验教学对于计算机及网络技术的高要求，要对相关的教师进行培训，培训内容与要求可以区别对待。对于一般会计专业教师，要求掌握 Windows、Word、Excel、PowerPoint 等，能够制作一般的会计课件，了解教学软件的性能和使用方法。对于会计专业骨干教师，要求掌握 Authorware、FrontPage、Director、Toolbook、Dreamweaver、Photoshop 等课件开发平台和网页制作软件，能进行初步的会计教学软件开发和网页制作。对于学校信息中心的教师，要求掌握 C 语言、VB 语言、Java 语言、数据库、3DS 动画软件，能够进行较高层次的会计课件或软件的开发及网上数据的维护。

3.会计信息化实验教学的过程管理

以某会计学院为例，实验教学是该院教学内容的重要组成部分，确保实验教学质量是保障培养合格会计人才不可缺少的环节。该院投入大量资金，组织教师与金蝶软件公司共同开发完成了适合会计实验教学的财务软件。实验教学的任课教师均由具备教师职务资格证书的中级职称以上的教师担任，实验任课教师精心设计实验内容，落实实验教学任务，并预先进行实验，掌握财务软件的操作技术，预见实验中可能产生的问题。实验教学过程中，指导教师要简明讲解本次实验的内容、实验方法。学生以 2~4 人为一个小组，在教师的指导下由学生在会计实验室内上机完成整个实验过程。指导教师要加强巡视指导，确保实验教学质量。指导教师严格做好学生的考勤工作，认真填写"实验教学周记"。实验课程按照考查课进行考核，学期总评成绩由期末考核成绩和平时成绩分别按 70 %和 30 %的比例综合评定。其中，平时成绩按照出勤率、实验态度、提问、实验操作等情况进行评定，期末成绩主要以检查实习档案的结果为主要依据，适当参考学生口头答辩的结果。

第四节 会计教学中的 Excel 表格教学创新

"Excel 在财务会计中的应用"是财会教学中的核心课程，而 Excel 表格教学更是核心中的核心。Excel 表格具有双重作用：其一，它能够统计相关的数据，制作普通的表格；其二，它可以应用在财务模型中。本节主要从 Excel 表格教学现状着眼，创新教学模式，提升整体的会计教学质量。

一、Excel 表格教学现状

（一）缺乏培养学生的自主分析能力

在平时运用 Excel 表格教学时，高校教师往往采用下面的教学流程：回忆旧知识—联系新知识—用 Excel 表格演示学习任务—学生单独练习与教师辅导相结合。而这种方式虽然在一定程度上可以提升学生的实践操作能力，但是学生只是重复教师的教学思路，缺乏独立思考解决实际问题的环节，从而导致他们的自主分析能力差。

（二）师生对 Excel 的使用能力较差

会计课程涉及多门学科，这要求高校教师既能够运用 Excel 表格解决各种问题，又能深入了解财会类的专业知识。在实际的教学中，高校教师往往并不具备较强的计算机应用能力，因而他们运用 Excel 表格解决实际问题的能力较差。此外，学生在学习计算机时，只是学到了一些基础性的 Excel 表格应用功能，并不具备较强的解决实际复杂问题的能力。综上所述，师生对于 Excel 表格的使用能力较差。

（三）Excel 表格教学分配不合理

在会计专业中，Excel 表格主要应用在以下教学内容中：试算并制订相关的财会报表及平衡表，核对与管理固定资产、工资和销售类的业务数据，登记账簿及编审会计凭证。在实际的教学中，高校教师通常会运用 36 节课讲授完以上全部内容，从而产生时间与教学内容分配不合理的状况，势必会造成泛泛而教的教学现象。

二、Excel 表格教学创新

（一）注重教学模式的合理性

为了高效地促进教学课程目标的实现，提高学生的可持续发展能力，高校教师制订 Excel 表格教学方案时，应秉持系统化课程开发理念，优化知识与技能体系的匹配度，充分有效地整合课程教学内容。Excel 表格教学既包括在财会专业内，又与 Excel 软件应用专业密切相关。针对这种情况，高校教师在进行课程设计时，要统筹考虑这两个专业的内容，并以财务工作流程为主要教学任务。以会计核算流程为参考，会计工作包含多种多样的工作内容，其不仅包含财务报表的分析和编制、账簿的登记、凭证的审核与填制，而且还包括与之密切相关的其他内容，如管理固定资产和工资等。Excel 表格应用于以上具体的教学中，高校教师遵循由简单到复杂的教学原则，以工作任务为方向，以数据资料为载体，进行模拟化培训，从而提升学生运用知识解决实际问题的能力。而在此过程中，学生通过运用简单的知识来解决一些基础性的问题。随着问题难度的加大和教师的适时引导，学生的解题自信心逐渐增强，他们的解题思路也会更加开阔。加之教师的教学布置遵循由易到难的教学原则，因而学生会将知识进行累积性运用，从而让自身的思维更具有整体性和创新性，促进思维的完善和可持续发展的学习。

（二）创设具有时效性的教学方案

高校教师立足学生的学情，创设具有趣味性和实操性的教学方案，让学生在相互学习和讨论中提升自主学习能力及创新性解决问题的能力。高校教师可以从以下几方面入手：第一，高校教师运用多媒体模拟式地讲解相关内容的知识点，并介绍 Excel 表格的各项功能。与此同时，高校教师要让学生边学习边模仿，并在此过程中适时地进行指导。第二，教师布置任务，并协助学生一起完成相关的教学任务。第三，在大部分学生掌握基础知识的前提下，教师可以将学生进行分组，进行合作化教学。值得注意的是，教师应设置具有较高难度的小组讨论目标，从而让学生通过讨论来提升分析和解决问题的能力。在此过程中，高校教师要针对学生在小组讨论中提出的问题进行适时的引导，从而提升学生的自学能力。

（三）提升高校教师的专业素质

在 Excel 表格教学中，教师要通过多种途径提升自身的专业素养。教师可以从以下几点着手：第一，深入学习"工作过程系统化"的教学理念；第二，深入研究"财务会计""会计基础"专业课程，并将其运用到实际的教学中；第三，在课外全面性地学习 Excel 表格的各项功能，并侧重对函数与公式技巧的运用和教学；第四，提升教师的组织能力。

Excel 表格教学应以就业为导向，在让学生掌握基础知识的前提下，注重对他们职业素质的培养，比如，与人协作的能力、责任感等。与此同时，高校教师也应通过多种途径提升自身的专业素养，从而为增强 Excel 表格创新性的教学打下坚实的知识基础。

参 考 文 献

[1]丁皓庆，冀玉玲，安存红.现代信息技术与会计教学研究[M].北京：经济日报出版社，2019.

[2]齐玲，马丽敏.关于现代信息技术环境下的会计教学模式研究[J].财会学习，2020（34）：161-162.

[3]赵改玲,孙家平,刘海英.会计学专业应用型人才培养模式的改革探索[J].商业会计，2015（23）：116-118.

[4]赵燕.基于现代信息技术环境下会计教学改革的探讨[J].现代经济信息，2015（10）：424-425.

[5]陆丽华.浅谈互联网时代会计教学改革[J].中国新通信，2022，24（07）：140-142，182.

[6]朱胜庄.信息技术对会计教学的影响研究[J].财会学习，2023（36）：135-138.

[7]田景阳.现代信息技术对企业财务会计的影响研究[J].大科技,2023(39)：127-129.

[8]罗健，刘小海.会计教学改革新路径探索[M].沈阳：沈阳出版社，2020.

[9]危英.互联网时代会计教学改革的创新策略研究[M].成都：电子科技大学出版社，2017.

[10]李孟军.基于ERP系统的会计电算化教学探析[J].北方经贸，2010(09)：68-70.

[11]童小春.财务会计[M].重庆：重庆大学出版社，2017.

[12]兰森豪.浅谈企业会计信息系统内部控制[J].品牌研究，2021（2）：251-254，266.

[13]李玉荣.现代财务会计模式的根本缺陷与优化思考[J].财会学习，2017（11）：87-88.

[14]李志国.企业财务会计管理中存在的问题及对策[J].中国市场，2020（32）：99-100.

[15]张咏梅，于英."互联网+"时代企业管理会计框架设计[J].会计之友，2016（3）：126-129.

[16]聂玮.基于网络环境的企业财务会计管理模式创新[J].投资与创业，2018（12）：110-111.